dtv

In zehn Kapiteln versammelt dieses Lesebuch etwa 100 Gedichte des bedeutendsten deutschen Lyrikers zwischen Romantik und Realismus, ausgewählt und eingebunden in einen journalistisch-essayistischen Kommentar von Elke Schmitter. Die renommierte Herausgeberin und Autorin zeigt den Dichter in allen Rollen und Posen: als enttäuschten Liebenden, der seinen ersten großen Liebeskummer fast sein ganzes Leben lang ebenso traurig wie selbstironisch in immer neuen Varianten besang, aber auch als sinnenfrohen Liebhaber, als modernen Dichter und hemmungslosen Romantiker, als sprühenden Ironiker und Experten für überraschende Pointen.

Heinrich Heine wurde 1797 in Düsseldorf als Sohn eines jüdischen Schnittwarenhändlers geboren. Nach kaufmännischer Lehre und Promotion zum Dr. jur. seit ca. 1825 Journalist und Schriftsteller. Nach vielen Zwischenstationen lebte er ab 1831 im Exil in Paris. Er starb dort 1856.

Die Herausgeberin und Autorin, *Elke Schmitter*, wurde 1961 in Krefeld geboren. Sie studierte in München Philosophie und war von 1992 bis 1994 Chefredakteurin der ›taz‹. Als freie Autorin schrieb sie für ›Die Zeit‹, die ›Süddeutsche Zeitung‹ und die ›FAZ‹; seit 2001 ist sie Mitglied der ›Spiegel‹-Redaktion. 1981 veröffentlichte sie den Lyrikband ›Windschatten im Konjunktiv‹, 2000 und 2002 erschienen ihre Romane ›Frau Sartoris‹ und ›Leichte Verfehlungen‹.

Heinrich Heine

Und grüß mich nicht unter den Linden

Heine-Gedichte
Kommentiert von Elke Schmitter

Deutscher Taschenbuch Verlag

Von Heinrich Heine
sind im Deutschen Taschenbuch Verlag erschienen:
Buch der Lieder (2614)
Deutschland. Ein Wintermärchen (2632)
Sämtliche Schriften (59035)

Jan-Christoph Hauschild, Heinrich Heine (31058)
Marcel Reich-Ranicki, Der Fall Heine (12774)

Vollständige Ausgabe
Mai 2003
Deutscher Taschenbuch Verlag GmbH & Co. KG,
München
www.dtv.de
© 1997 Carl Hanser Verlag, München · Wien
Umschlagkonzept: Balk & Brumshagen
Umschlagbild: Porträt um 1825 von Colla
Satz: Libro, Kriftel
Druck und Bindung: Druckerei C. H. Beck, Nördlingen
Gedruckt auf säurefreiem, chlorfrei gebleichtem Papier
Printed in Germany · ISBN 3-423-13088-1

Meinen Eltern gewidmet,
denen ich auch die erste Lektüre Heines
verdanke.

TRÄUMER DES TODES

Ich hab im Traum geweinet,
Mir träumte, du lägest im Grab.
Ich wachte auf, und die Träne
Floß noch von der Wange herab.

Ich hab im Traum geweinet,
Mir träumt', du verließest mich.
Ich wachte auf, und ich weinte
Noch lange bitterlich.

Ich hab im Traum geweinet,
Mir träumte, du bliebest mir gut.
Ich wachte auf, und noch immer
Strömt meine Tränenflut.

Angeblich fängt das bewußte Leben mit der Jugend an. Der junge Erwachsene, so will es die allgemeine Vorstellung, tritt, seiner Möglichkeiten und seiner Kraft bewußt, in die gesellschaftliche Wirklichkeit, um beides zu erproben.
Im Rückblick weiß man, daß das falsch gewesen ist: in dieser Vorstellung von Jugend herrscht ein unbewußter Neid vor, eine stumme Verrechnung mit der späten Unzufriedenheit, die mit einem frühen Schimmer versieht, was nicht verpaßt worden sein soll.
Aber wenn etwas verpaßt wurde, dann sicherlich nicht das Ich: Wer jung ist, der ist von natürlicher Egozentrik, und mit

der Begabung nimmt diese Selbstbezogenheit eher zu. In Vorsicht wie in Rücksichtslosigkeit aller Bewegungen nach außen ist dieselbe Unerfahrenheit bestimmend; nicht der Boden wankt, sondern man selbst. Der Boden wird mit jedem Schritt, vielleicht, gewonnen; das Festgetretene ist der Erfahrungsraum.

Aus dieser Maßstabslosigkeit des Ich begründet sich vermutlich jener Dünkel den eigenen Erfahrungen gegenüber, der gerade junge Menschen auszeichnet, eine Mischung aus Stolz und Geringschätzung, die ihre Herkunft verrät: es ist ja nur das Resultat des absichtsarmen, tölpelhaften Tastens, das man »Erlebnis« oder »Erfahrung« nennt; ein Golem, noch dazu im Reagenzglas – aber im eigenen.

Mir träumte einst von wildem Liebesglühn,
Von hübschen Locken, Myrten und Resede,
Von süßen Lippen und von bittrer Rede,
Von düstrer Lieder düstern Melodien.

Verblichen und verweht sind längst die Träume,
Verweht ist gar mein liebstes Traumgebild!
Geblieben ist mir nur, was glutenwild
Ich einst gegossen hab in weiche Reime.

Du bliebst, verwaistes Lied! Verweh jetzt auch,
Und such das Traumbild, das mir längst entschwunden,
Und grüß es mir, wenn du es aufgefunden –
Dem luftgen Schatten send ich luftgen Hauch.

So beginnt der Dichter Heine seine Sammlung *Buch der Lieder*, die er als beinahe Vierzigjähriger von Paris aus noch einmal für das deutsche Publikum herausgab. Er wollte ein »psychologisches Bild« von sich geben, wenn auch »nicht

ohne Befangenheit«: »Erste Gedichte!«, heißt es in der Vor-
rede, die seufzende Romantik ironisch kommentierend –
»Sie müssen auf nachlässigen, verblichenen Blättern ge-
schrieben sein, dazwischen, hie und da, müssen welke Blu-
men liegen, oder eine blonde Locke, oder ein verfärbtes
Stückchen Band, und an mancher Stelle muß noch die Spur
einer Träne sichtbar sein... Erste Gedichte aber, die ge-
druckt sind, grell schwarz gedruckt auf entsetzlich glattem
Papier, diese haben ihren süßesten, jungfräulichsten Reiz
verloren und erregen bei dem Verfasser einen schauerlichen
Mißmut.«
Koketterie, Geringschätzung und Stolz vereinen sich – aus-
schlaggebend aber ist die eigene und dennoch sachliche
Sichtweise auf ein Werk, das seine Entstehung überholt hat,
seine Entstehung aus Vorstellung und Traum: »Geblieben ist
mir nur, was glutenwild / Ich einst gegossen hab in weiche
Reime.«

Der Traum ist schon im Titel das Gemeinsame der ersten
Abteilung junger Leiden, dem ersten Buch im *Buch der
Lieder*. Natürlich ist der Traum ein beliebtes Passepartout
der Literatur jener Zeit, in allen Formaten und Farben zu
haben, von himmelblau im Nachttischformat bis dunkelrot
und schwarz in Überlebensgröße. Bis heute eine lyrische
Verlegenheitslösung, in der sich alles unterbringen läßt, was
zu verorten peinlich, allzu intim oder auch nur trivial sein
könnte. Darüber hinaus aber ist der Traum als Metapher das
Eingeständnis einer Existenzform, die vor jeder Erfahrung
noch einmal innehält, das Schlimmste und das Schönste
ausmalt und den notwendigen Schluß des Erwachens schon
weiß – ein Reflektieren der Seele.

Ein Traum, gar seltsam schauerlich,
Ergötzte und erschreckte mich.
Noch schwebt mir vor manch grausig Bild,
Und in dem Herzen wogt es wild.

Da war ein Garten, wunderschön,
Da wollt ich lustig mich ergehn;
Viel schöne Blumen sahn mich an,
Ich hatte meine Freude dran.

Es zwitscherten die Vögelein
Viel muntre Liebesmelodein;
Die Sonne rot, von Gold umstrahlt,
Die Blumen lustig bunt bemalt.

Viel Balsamduft aus Kräutern rinnt,
Die Lüfte wehen lieb und lind;
Und alles schimmert, alles lacht,
Und zeigt mir freundlich seine Pracht.

Inmitten in dem Blumenland
Ein klarer Marmorbrunnen stand;
Da schaut ich eine schöne Maid,
Die emsig wusch ein weißes Kleid.

Die Wänglein süß, die Äuglein mild,
Ein blondgelocktes Heilgenbild;
Und wie ich schau, die Maid ich fand
So fremd und doch so wohlbekannt.

Die schöne Maid, die sputet sich,
Sie summt ein Lied gar wunderlich:
»Rinne, rinne, Wässerlein,
Wasche mir das Linnen rein.«

Ich ging und nahete mich ihr,
Und flüsterte: O sage mir,
Du wunderschöne, süße Maid,
Für wen ist dieses weiße Kleid?

Da sprach sie schnell: Sei bald bereit,
Ich wasche dir dein Totenkleid!
Und als sie dies gesprochen kaum,
Zerfloß das ganze Bild, wie Schaum. –

Und fortgezaubert stand ich bald
In einem düstern, wilden Wald.
Die Bäume ragten himmelan;
Ich stand erstaunt und sann und sann.

Und horch! welch dumpfer Widerhall!
Wie ferner Äxtenschläge Schall;
Ich eil durch Busch und Wildnis fort,
Und komm an einen freien Ort.

Inmitten in dem grünen Raum,
Da stand ein großer Eichenbaum;
Und sieh! mein Mägdlein wundersam
Haut mit dem Beil den Eichenstamm.

Und Schlag auf Schlag, und sonder Weil,
Summt sie ein Lied und schwingt das Beil:
»Eisen blink, Eisen blank,
Zimmre hurtig Eichenschrank.«

Ich ging und nahete mich ihr,
Und flüsterte: O sage mir,
Du wundersüßes Mägdelein,
Wem zimmerst du den Eichenschrein?

Da sprach sie schnell: Die Zeit ist karg,
Ich zimmre deinen Totensarg!
Und als sie dies gesprochen kaum,
Zerfloß das ganze Bild, wie Schaum. –

Es lag so bleich, es lag so weit
Ringsum nur kahle, kahle Heid;
Ich wußte nicht, wie mir geschah,
Und heimlich schaudernd stand ich da.

Und nun ich eben fürder schweif,
Gewahr ich einen weißen Streif;
Ich eilt drauf zu, und eilt und stand,
Und sieh! die schöne Maid ich fand.

Auf weiter Heid stand weiße Maid,
Grub tief die Erd mit Grabescheit,
Kaum wagt ich noch sie anzuschaun,
Sie war so schön und doch ein Graun.

Die schöne Maid, die sputet sich,
Sie summt ein Lied gar wunderlich:
»Spaten, Spaten, scharf und breit,
Schaufle Grube tief und weit.«

Ich ging und nahete mich ihr,
Und flüsterte: O sage mir,
Du wunderschöne, süße Maid,
Was diese Grube hier bedeut't?

Da sprach sie schnell: »Sei still, ich hab
Geschaufelt dir ein kühles Grab.«
Und als so sprach die schöne Maid,
Da öffnet sich die Grube weit;

Und als ich in die Grube schaut,
Ein kalter Schauer mich durchgraut;
Und in die dunkle Grabesnacht
Stürzt ich hinein — und bin erwacht.

Der Tod im Traum, das ist der Schatten des Schattens. Es ist
nicht die Vergänglichkeit, die den jungen Dichter beschäf-
tigt: Vergänglichkeit setzt Substanz voraus, etwas Tatsäch-
liches, das sich verändert. Vergängliches ist lebendig; Alter
und Krankheit sind Bezüge auf ein Ich, das schon eine ma-
terielle Geschichte hat. Das junge Ich aber, das sich ganz
ernst nimmt, steht noch vor dem Leben und prüft, ob ein
eleganter Tod nicht vorzuziehen sei, ein Schicksal, welches
das Leben selbst erspart — oder dem Leiden noch einen
dramatischen Ausdruck gibt, bevor es ein schnelles Ende
macht. Nichts ist für diese gewünschte Noblesse geeigneter
als eine unglückliche Liebe.

Die Fensterschau

Der bleiche Heinrich ging vorbei,
Schön Hedwig lag am Fenster.
Sie sprach halblaut: Gott steh mir bei,
Der unten schaut bleich wie Gespenster!

Der unten erhub sein Aug in die Höh,
Hinschmachtend nach Hedewigs Fenster.
Schön Hedwig ergriff es wie Liebesweh,
Auch sie ward bleich wie Gespenster.

Schön Hedwig stand nun mit Liebesharm
Tagtäglich lauernd am Fenster.
Bald aber lag sie in Heinrichs Arm,
Allnächtlich zur Zeit der Gespenster.

Die große Anziehung, die der Tod auf junge Menschen aus-
übt, koaliert mit Angst und Überheblichkeit aus Angst: Es ist
die Gegenwart, die erst einmal erobert werden will, wäh-
rend Vergangenheit, wenn überhaupt, nur einen narzißti-
schen Wert hat – und die Zukunft mit der Unendlichkeit
gleichgesetzt wird. So entstehen Gedichte, die altklugen Le-
bensüberdruß dramatisch in Worte fassen, obwohl das Ma-
terial fehlt. So kann einer mit Lust von Friedhöfen, vom
Leichentuch und vom kühlen Grabe sprechen, wie heute die
Elemente der Gothic Novel, die Untoten und Vampirge-
schichten vor allem für ein junges Publikum immer neu
filmisch aufbereitet werden. So unerschrocken, unermüd-
lich mit der Grube als Metapher spielen kann nur einer, für
den sie nichts als Metapher ist.

Lieb Liebchen, legs Händchen aufs Herze mein; –
Ach, hörst du, wies pochet im Kämmerlein?
Da hauset ein Zimmermann schlimm und arg,
Der zimmert mir einen Totensarg.

Es hämmert und klopfet bei Tag und bei Nacht;
Es hat mich schon längst um den Schlaf gebracht.
Ach! sputet Euch, Meister Zimmermann,
Damit ich balde schlafen kann.

LIEBENDER OHNE LIEBE

Über Heines erste Liebe gehen die Ansichten weit auseinander; einig sind sich alle Forscher mit dem Dichter, daß sie unglücklich war. Daß es überhaupt zu näherem Kontakt mit der Kusine Amalie kam, ist unwahrscheinlich; gesehen haben sich die beiden nur über wenige Wochen, nach einem kurzen Kennenlernen anläßlich eines Verwandtenbesuches zwei Jahre zuvor. Der Neunzehnjährige wirbt in Hamburg vergeblich um die reiche Erbin, zudem die Tochter seines Gönners, in dessen Haus er zum Kaufmann ausgebildet werden soll. Das soziale Elend, das diese unglückliche Liebe auch ausmacht, taucht in den immer neuen Bildern des buchstäblich, räumlich Ausgeschlossenen auf, der im Schatten seine hell strahlende, von gesellschaftlichem Glanz erleuchtete Liebe anbetet.

Sie haben heut abend Gesellschaft,
Und das Haus ist lichterfüllt.
Dort oben am hellen Fenster
Bewegt sich ein Schattenbild.

Du schaust mich nicht, im Dunkeln
Steh ich hier unten allein;
Noch wenger kannst du schauen
In mein dunkles Herz hinein.

Mein dunkles Herze liebt dich,
Es liebt dich und es bricht,
Und bricht und zuckt und verblutet,
Aber du siehst es nicht.

Eine Heirat mit Amalie hätte den armen Vetter mit einem
Mal herausgehoben aus finanzieller Abhängigkeit und be-
rechtigten Zukunftsängsten, hätte den gesellschaftlich und
ökonomisch schwankenden Boden, auf dem dieser Sohn
eines glücklosen Düsseldorfer Tuchhändlers und einer ehr-
geizigen Arzttochter seinen Lebenslauf beginnen mußte,
mit einem Schritt erhoben und befestigt. So sieht es aller-
dings auch der Schwiegervater in spe, Salomon Heine, der
vermutlich einiges daran setzt, die beiden nach Möglichkeit
zu trennen – schließlich sollte für seine Töchter (möglicher-
weise verliebte sich Heine später auch in Therese) eine
Partie gemacht werden: »*In ihrer Nähe sein*«, schrieb Heine
an den Freund Sethe im Herbst 1816, »und doch ewig lange
Wochen nach ihrem alleinseeligmachenden Anblick oft ver-
gebens schmachten, u – u – und – und – O! – O! – O
Christian! da kann auch das frömmste und reinste Gemüt in
wilder wahnsinniger Gottlosigkeit auflodern.« Unsicher ist
aber auch, ob Heine bei mehr Gelegenheit sein Glück hätte
erwerben können: Seine Liebesgedichte hat Amalie, die fünf
Jahre später einen ostpreußischen Gutsbesitzer heiratete,
»bitter und schnöde gedemütigt«. Und mehr als Gedichte
hatte er nicht.

Im nächtgen Traum hab ich mich selbst geschaut,
In schwarzem Galafrack und seidner Weste,
Manschetten an der Hand, als gings zum Feste,
Und vor mir stand mein Liebchen, süß und traut.

Ich beugte mich und sagte: »Sind Sie Braut?
Ei! ei! so gratulier ich, meine Beste!«
Doch fast die Kehle mir zusammenpreßte
Der langgezogne, vornehm kalte Laut.

Und bittre Tränen plötzlich sich ergossen
Aus Liebchens Augen, und in Tränenwogen
Ist mir das holde Bildnis fast zerflossen.

O süße Augen, fromme Liebessterne,
Obschon ihr mir im Wachen oft gelogen,
Und auch im Traum, glaub ich euch dennoch gerne!

Der junge Dichter träumt und schreibt Sonette, und Tod und
Hochzeit schieben sich in fast allen Gedichten zusammen.
Man kann das als einen Kommentar zur Aussichtslosigkeit
dieser Liebe deuten, als einen Hinweis auf die jugendliche
Schwermut des Verfassers, als eine Aggression gegen die er-
niedrigende, verschmähende Liebste. Aber es erinnert doch
eher an Romane und Filme einer bestimmten Sorte, die
auch gewißlich mit dem Hochzeitsglöcklein schließen: Es
gibt ein Glück, das schier nicht auszudenken ist, weil es nicht
anschließt an Erfahrung, sondern nur lose an Wünsche ge-
knüpft werden könnte, die abstrakt sind. Wir wollen alle nur
reich und glücklich sein.

Da hab ich viel blasse Leichen
Beschworen mit Wortesmacht;
Die wollen nun nicht mehr weichen
Zurück in die alte Nacht.

Das zähmende Sprüchlein vom Meister
Vergaß ich vor Schauer und Graus;

Nun ziehn die eignen Geister
Mich selber ins neblichte Haus.

Laßt ab, ihr finstern Dämonen!
Laßt ab, und drängt mich nicht!
Noch manche Freude mag wohnen
Hier oben im Rosenlicht.

Ich muß ja immer streben
Nach der Blume wunderhold;
Was bedeutet' mein ganzes Leben,
Wenn ich sie nicht lieben sollt?

Ich möcht sie nur einmal umfangen
Und pressen ans glühende Herz!
Nur einmal auf Lippen und Wangen
Küssen den seligsten Schmerz!

Nur einmal aus ihrem Munde
Möcht ich hören ein liebendes Wort –
Alsdann wollt ich folgen zur Stunde
Euch, Geister, zum finsteren Ort.

Die Geister habens vernommen,
Und nicken schauerlich.
Feins Liebchen, nun bin ich gekommen;
Feins Liebchen, liebst du mich?

Aber das Liebchen liebte nicht. Als Heine aus Hamburg fort-
ging, um in Göttingen zu studieren, nahm er nicht einmal
eine Erinnerung mit: es gab ja nichts zu erinnern als einen
enttäuschten Wunsch. Und dieser geistert in allen Erschei-
nungen – sein Gegenstand war nicht durch Erfahrung kon-
turiert, ist Folie geblieben und kann so jede Form annehmen.

Im Rhein, im schönen Strome,
Da spiegelt sich in den Welln,
Mit seinem großen Dome,
Das große, heilige Köln.

Im Dom da steht ein Bildnis,
Auf goldenem Leder gemalt;
In meines Lebens Wildnis
Hats freundlich hineingestrahlt.

Es schweben Blumen und Englein
Um unsre liebe Frau;
Die Augen, die Lippen, die Wänglein,
Die gleichen der Liebsten genau.

Nichts aber kann hartnäckiger schmerzen als eine fiktive
Enttäuschung, weil keine Erfahrung sie heilen kann: So
bleibt der vergeblich Liebende an seine Liebe gebunden wie
ein Tier an seinen Pflock.

Schöne Wiege meiner Leiden,
Schönes Grabmal meiner Ruh,
Schöne Stadt, wir müssen scheiden, –
Lebe wohl! ruf ich dir zu.

Lebe wohl, du heilge Schwelle,
Wo da wandelt Liebchen traut;
Lebe wohl! du heilge Stelle,
Wo ich sie zuerst geschaut.

Hätt ich dich doch nie gesehen,
Schöne Herzenskönigin!
Nimmer wär es dann geschehen,
Daß ich jetzt so elend bin.

Nie wollt ich dein Herze rühren,
Liebe hab ich nie erfleht;
Nur ein stilles Leben führen
Wollt ich, wo dein Odem weht.

Doch du drängst mich selbst von hinnen,
Bittre Worte spricht dein Mund;
Wahnsinn wühlt in meinen Sinnen,
Und mein Herz ist krank und wund.

Und die Glieder matt und träge
Schlepp ich fort am Wanderstab,
Bis mein müdes Haupt ich lege
Ferne in ein kühles Grab.

»Schöne Stadt, ich muß dich meiden«, hieß der dritte Vers in der erstgedruckten Fassung. Vielleicht hat Heine sich mit der Weisheit zu trösten versucht, daß die Zeit alles heile: aber dazu eben braucht es Geduld. Die bloße Quarantäne, das sterile Fort-Sein, das Nicht-mehr-Sehen und Nichts-mehr-Hören, das alles hilft ja nicht, solange die Seele er-wartungsvoll, getrieben auf der Lauer liegt, um ihre eigenen Fortschritte zu verbuchen. Die Zeit, die alles heilt, ist ja, wenn überhaupt, nicht die verbrachte und verwartete, auf-merksam registrierte, sondern nur die erlebte Zeit.

Morgens steh ich auf und frage:
Kommt feins Liebchen heut?
Abends sink ich hin und klage:
Ausblieb sie auch heut.

In der Nacht mit meinem Kummer
Lieg ich schlaflos, wach;
Träumend, wie im halben Schlummer,
Wandle ich bei Tag.

So einfach und so groß ist es bestellt um die Sehnsucht, daß ein kleines achtzeiliges Volkslied alles umfaßt, wenn Heine es gedichtet hat: Morgen und Abend, Tag und Nacht, Traum und Bewußtsein, Hoffnung und Klage. »Das ist gewiß«, schrieb Heine an Sethe über seine ersten *Lieder* im Vergleich zu seinen *Traumbildern*, »daß sie viel sanfter und süßer sind; wie in Honig getauchter Schmerz.« Aber der Schmerz, der süß ist, weil in ihm – und nur in ihm – die Verbindung zur unglücklich Geliebten sich immer wieder neu ergibt und beweist, dieser Schmerz macht auch alles andere einander gleich. Der ganz normale Kranke darf die Nacht durch schlafen und Erholung finden von dem, was ihn den Tag hindurch bestimmte und quälte, der Liebeskranke nicht. In einem ebenso schlichten und ebenso ergreifenden Gedicht von vier Strophen hat auch Eduard Mörike diese Aufhebung des Wechsels von Nacht und Tag beschrieben – allerdings aus der Perspektive der Frau:

Das verlassene Mägdlein

Früh, wann die Hähne krähn,
Eh die Sternlein verschwinden,
Muß ich am Herde stehn,
Muß Feuer zünden.

Schön ist der Flammen Schein,
Es springen die Funken;
Ich schaue so drein,
In Leid versunken.

Plötzlich, da kommt es mir,
Treuloser Knabe,
Daß ich die Nacht von dir
Geträumet habe.

Träne auf Träne dann
Stürzet hernieder;
So kommt der Tag heran —
O ging er wieder!

Wie Heines Liebender ist Mörikes unglückliches Mädchen ihrem Gefühl so wehrlos ausgesetzt, daß nicht einmal der Schlaf Bewußtlosigkeit und Vergessen garantieren kann: Wo die Nacht nicht zum Tage wird, kann es dennoch sein, daß der Traum das Leid erinnert und so die Zeiten einander gleich macht. Die Gegenwart soll nicht erlebt, sondern vernichtet werden, die Zeit soll immer schon vergangen sein — und je mehr die Umgebung zum Glücklichsein reizt, je mehr der Frühling promeniert, die Lüfte lau, die Vogelstimmen lauter werden, desto tiefer sinkt das Herz in die Schwärze. Und selbst die gallige Bitterkeit, die Heines Protagonisten zu ihrem Schutz ausgebildet haben, kann vor jenem Moment nicht behüten, das Heine auch im 37. Gedicht des *Lyrischen Intermezzo* beschreibt:

Philister in Sonntagsröcklein
Spazieren durch Wald und Flur;
Sie jauchzen, sie hüpfen wie Böcklein,
Begrüßen die schöne Natur.

Betrachten mit blinzelnden Augen,
Wie alles romantisch blüht;
Mit langen Ohren saugen
Sie ein der Spatzen Lied.

Ich aber verhänge die Fenster
Des Zimmers mit schwarzem Tuch;
Es machen mir meine Gespenster
Sogar einen Tagesbesuch.

Die alte Liebe erscheinet,
Sie stieg aus dem Totenreich,
Sie setzt sich zu mir und weinet,
Und macht das Herz mir weich.

Den anderen ist die Natur Kulisse: der tatsächlich Liebende kann sie nicht mehr ertragen, sie weckt nur die Erinnerung an eine Empfindungsfähigkeit, die vergessen werden soll. Denn deren Existenz bedeutete Schmerz; nun aber ist das Subjekt durch seine Leiden mit dem Schmerz schon so verbunden, daß dessen Aufhören nur als Absterben vorstellbar ist – als Absterben nicht nur der Empfindung und der Empfindungsfähigkeit, sondern als Absterben der Person. Die erste große Liebe ist ja auch deshalb dem Unglücklichen so gefährlich, weil sie mit der Entdeckung der Persönlichkeit einhergeht: man will kein anderer mehr werden, nicht einmal ein Ärmerer an Schmerz. »Ich sehe jetzt ein«, schrieb Heine in einem Brief aus dieser Zeit, »daß die Menschen Narren sind, wenn sie über große Schmerzen klagen. Der Schmerz ist nicht so groß, aber die Brust, die ihn beherbergen soll, ist gewöhnlich zu eng.«

Der Traurige

Allen tut es weh im Herzen,
Die den bleichen Knaben sehn,
Dem die Leiden, dem die Schmerzen
Aufs Gesicht geschrieben stehn.

Mitleidvolle Lüfte fächeln
Kühlung seiner heißen Stirn;
Labung möcht ins Herz ihm lächeln
Manche sonst so spröde Dirn.

Aus dem wilden Lärm der Städter
Flüchtet er sich nach dem Wald.
Lustig rauschen dort die Blätter,
Lustger Vogelsang erschallt.

Doch der Sang verstummet balde,
Traurig rauschet Baum und Blatt,
Wenn der Traurige dem Walde
Langsam sich genähert hat.

So weicht die Welt zurück vor dem, der traurig ist: von
Menschen ist ihm nicht zu helfen, denn wenn sie trösten
könnten, dann wäre der Schmerz zu klein. Er hätte sich
außerdem helfen lassen wollen, damit also seine Liebe ver-
raten. Und zwar von Anfang an: denn wenn er sie mindern
könnte, dann wäre sie ihm nicht zugestoßen als etwas, das
ihn bestimmt und größer ist als er selbst. Die Paradoxie der
unerwiderten Liebe liegt darin, daß ihr Elend Würde gibt;
eine geheime Würde, die den Erkrankten unantastbar
macht, sozial unverträglich oder zumindest unbrauchbar.
Und die zugleich so mächtig ist, daß die Natur, nicht zu
täuschen und unbestechlich, nicht mehr Trost gibt, sondern
nun selber trostlos wird: »Traurig rauschet Baum und Blatt, /
Wenn der Traurige dem Walde / Langsam sich genähert
hat.« Und hier nun taucht der Tod auf als eine Erlösung, die
keine Pointe ist, sondern ein sanftes Ende.

Der arme Peter

I

Der Hans und die Grete tanzen herum,
Und jauchzen vor lauter Freude.
Der Peter steht so still und stumm,
Und ist so blaß wie Kreide.

Der Hans und die Grete sind Bräutgam und Braut,
Und blitzen im Hochzeitsgeschmeide.
Der arme Peter die Nägel kaut
Und geht im Werkeltagskleide.

Der Peter spricht leise vor sich her,
Und schaut betrübet auf beide:
Ach! wenn ich nicht gar zu vernünftig wär,
Ich täte mir was zuleide.

2

»In meiner Brust, da sitzt ein Weh,
Das will die Brust zersprengen;
Und wo ich steh und wo ich geh,
Wills mich von hinnen drängen.

Es treibt mich nach der Liebsten Näh,
Als könnts die Grete heilen;
Doch wenn ich der ins Auge seh,
Muß ich von hinnen eilen.

Ich steig hinauf des Berges Höh,
Dort ist man doch alleine;
Und wenn ich still dort oben steh,
Dann steh ich still und weine.«

3

Der arme Peter wankt vorbei,
Gar langsam, leichenblaß und scheu.
Es bleiben fast, wenn sie ihn sehn,
Die Leute auf der Straße stehn.

Die Mädchen flüstern sich ins Ohr:
»Der stieg wohl aus dem Grab hervor.«
Ach nein, ihr lieben Jungfräulein,
Der legt sich erst ins Grab hinein.

Er hat verloren seinen Schatz,
Drum ist das Grab der beste Platz,
Wo er am besten liegen mag,
Und schlafen bis zum jüngsten Tag.

Oft erzählt der Dichter Geschichten. Als müßte er mit seinen
Reimen ein Geschehen bekleiden und aufputzen, das es nie
gegeben hat: so werden manchmal Rüschen daraus, Bordü-
ren und Schleifen um fast nichts gebunden. Dann wieder
löst sich, am Ende einer Geschichte, die gewohnte Reim-
form selber auf; die Sätze werden souverän. Und das geht
dann so zu Herzen, daß die Geschichte so gleichgültig wird,
wie sie es schon immer war.

»Als ich vor einem Jahr dich wiederblickte,
Küßtest du mich nicht in der Willkommstund.«
So sprach ich, und der Liebsten roter Mund
Den schönsten Kuß auf meine Lippen drückte.

Und lächelnd süß ein Myrtenreis sie pflückte
Vom Myrtenstrauche, der am Fenster stund:
»Nimm hin, und pflanz dies Reis in frischen Grund,
Und stell ein Glas darauf«, sprach sie und nickte. —

Schon lang ists her. Es starb das Reis im Topf.
Sie selbst hab ich seit Jahren nicht gesehn;
Doch brennt der Kuß mir immer noch im Kopf.

Und aus der Ferne triebs mich jüngst zum Ort,
Wo Liebchen wohnt. Vorm Hause blieb ich stehn
Die ganze Nacht, ging erst am Morgen fort.

Denn für den unglücklich Liebenden ist die Welt ohnehin
nichts als Bühnenbild – und je gewaltiger der Widerspruch,
je lächerlicher der Gegensatz, je erbärmlicher der Vergleich
zwischen Innen und Außen ausfällt, desto erhabener der
Trotz, desto großartiger die Liebe. Und auch hier ist kein
Ende vorstellbar als nur der Tod – denn jede neue Liebe
würde die vergangene nur trivialisieren, die eigene Empfin-
dung verkleinern, das grandiose Ich der Liebe kränken.

Die Welt ist so schön und der Himmel so blau,
Und die Lüfte die wehen so lind und so lau,
Und die Blumen winken auf blühender Au,
Und funkeln und glitzern im Morgentau,
Und die Menschen jubeln, wohin ich schau, –
Und doch möcht ich im Grabe liegen,
Und mich an ein totes Liebchen schmiegen.

Viel später, als »alles vorbei war«, schrieb der Dichter ein
Gedicht auf jene Liebe, die meist eine Krankheit der Jugend
ist: die Entdeckung eines Gefühls, das sich ganz souverän zu
seinem Objekt verhält wie zu seinem Subjekt – eine Emp-
findung, die herrscherlich und zufällig, absolutistisch und
zerstörend ist, ein rein narzißtisches Unglück. (Und die auf
eine bittere Weise glücklich macht, weil das Subjekt in der
eigenen Trauer versinkt.) Er schrieb diese vierstrophige klei-
ne Ballade in jener perfekten Metrik, die er sich als Student
bei seinem berühmten Lehrer August Wilhelm Schlegel an-
geeignet hatte: die Philologie, eine im deutschen Sprach-

raum tote Wissenschaft, war von den Romantikern wieder entdeckt worden und zu einer einmaligen Höhe getrieben. Heine hat die Motive der Romantik mit Skepsis zitiert, manchmal verballhornt; seine subtile Sprachtechnik aber verdankt er der Textarbeit dieser Epoche. Deren Ergebnisse lassen alle Ansprüche des Reimens hinter sich; Rhythmus und Klang allein erzeugen die Schönheit eines vollkommenen Gedichts, die Dynamik in den Zeilen läßt den arglosen Leser einen Reim annehmen, wie in den besten Gedichten der Anakreontik. Das Thema der Liebe als eines Gefühls, das in sich selber stattfindet, findet seine formale Entsprechung in einem totalen Gedicht.

Der Asra

Täglich ging die wunderschöne
Sultanstochter auf und nieder
Um die Abendzeit am Springbrunn,
Wo die weißen Wasser plätschern.

Täglich stand der junge Sklave
Um die Abendzeit am Springbrunn,
Wo die weißen Wasser plätschern;
Täglich ward er bleich und bleicher.

Eines Abends trat die Fürstin
Auf ihn zu mit raschen Worten:
Deinen Namen will ich wissen,
Deine Heimat, deine Sippschaft!

Und der Sklave sprach: Ich heiße
Mohamet, ich bin aus Yemmen,
Und mein Stamm sind jene Asra,
Welche sterben, wenn sie lieben.

DER SCHLICHTE DICHTER

Leise zieht durch mein Gemüt
Liebliches Geläute.
Klinge, kleines Frühlingslied,
Kling hinaus ins Weite.

Kling hinaus, bis an das Haus,
Wo die Blumen sprießen,
Wenn du eine Rose schaust,
Sag, ich laß sie grüßen.

Die Schlichtheit dieser Form ist nicht zu übertreffen, und
Heine, der raffinierte Dichter, versucht es doch: Zwei Stro-
phen und vier Endreime, lange und kürzere Zeilen im
symmetrischen Wechsel, das Vokabular von allergrößter
Einfachheit. Das könnte eine Satire auf den Achtzeiler sein,
die volksliedhafte Poesie der Anspruchslosen, die Fertigfor-
mulierungen der Lyrik seiner Zeit, mit all ihren Frühlings-
gefühlen und Mägdelein und Blumen. Aber so ist es nicht.
Die Virtuosität dieses Gedichtes, das von einem Lied handelt
und selbst eins ist, liegt darin, wie die erzählte Geschichte
Komplizin der Schlichtheit geworden ist: mit diesen einfa-
chen Worten, die durch Gebrauch und lyrischen Mißbrauch
längst abgenutzt und flach geworden sind, konturenlos und
ohne Widerstand, wird dennoch etwas Widerständiges ge-
sagt, ein lokales Geheimnis ausgesprochen, aber nicht gelüf-
tet. Da gibt es ein Haus, »wo die Blumen sprießen«, dort

wohnt schon das Glück, das als ein liebliches Geläute durch das Gemüt des Sängers zieht, und dort, wo er selbst nicht sein kann oder darf, lebt diese eine Rose, die von allen anderen zu unterscheiden einfach ist, wie jeder Liebende voraussetzt: weil er sich nicht vorstellen kann, daß, was er liebt, nicht liebenswert an sich sei.

So hat dieses Gedicht eine erzählerische Pointe; insofern ist es typisch für eine Kunstform, der Heinrich Heine noch einmal das Wunderbarste abgenötigt hat – entgegen und mit aller Einfachheit.

Sie liebten sich beide, doch keiner
Wollt es dem andern gestehn;
Sie sahen sich an so feindlich,
Und wollten vor Liebe vergehn.

Sie trennten sich endlich und sahn sich
Nur noch zuweilen im Traum;
Sie waren längst gestorben,
Und wußten es selber kaum.

Das klingt wie ein Gedicht von Erich Kästner:

Sachliche Romanze

Als sie einander acht Jahre kannten
(und man darf sagen: sie kannten sich gut),
kam ihre Liebe plötzlich abhanden.
Wie andern Leuten ein Stock oder Hut.

Sie waren traurig, betrugen sich heiter,
versuchten Küsse, als ob nichts sei,

und sahen sich an und wußten nicht weiter.
Da weinte sie schließlich. Und er stand dabei.

Vom Fenster aus konnte man Schiffen winken.
Er sagte, es wäre schon Viertel nach Vier
und Zeit, irgendwo Kaffee zu trinken.
Nebenan übte ein Mensch Klavier.

Sie gingen ins kleinste Café am Ort
und rührten in ihren Tassen.
Am Abend saßen sie immer noch dort.
Sie saßen allein, und sie sprachen kein Wort
und konnten es einfach nicht fassen.

Die fugenlose, beinahe schon leichte Trauer, die auf kein
Ereignis zurückgeht, die deshalb nicht geräumt, geheilt, kor-
rigiert werden kann, die Trauer über Tatsachen. Wo Heine,
wie hier, auf das lyrische Vokabular seiner Zeit fast ganz
verzichtet, ist er sachlich modern wie Kästner und auch
Brecht, die ihrerseits immer wieder auf schlichte Formen
Rückgriff nahmen: wie Meister der Avantgarde, die es sich
am Ende erlauben, ein Blumenstück zu versuchen.

Die Jahre kommen und gehen,
Geschlechter steigen ins Grab,
Doch nimmer vergeht die Liebe,
Die ich im Herzen hab.

Nur einmal noch möcht ich dich sehen,
Und sinken vor dir aufs Knie,
Und sterbend zu dir sprechen:
Madame, ich liebe Sie!

Hier hat sich Heine die Pointe bis zur letzten Zeile aufgehoben: der Reim von ›Knie‹ auf ›Sie‹, die böse Bloßstellung einer koketten Gesellschaftsdame, der man die Liebe mit der Zuckerzange reichen muß – und die Enttäuschung der Erwartung seiner Leser, die nach dem großen Anfang implodiert, zusammenzuckt und -fällt in eine kleine, lächerliche Pfütze.

Wenn zwei von einander scheiden,
So geben sie sich die Händ,
Und fangen an zu weinen,
Und seufzen ohne End.

Wir haben nicht geweinet,
Wir seufzten nicht Weh und Ach!
Die Tränen und die Seufzer,
Die kamen hintennach.

Seit die Liebste war entfernt,
Hatt ichs Lachen ganz verlernt,
Schlechten Witz riß mancher Wicht,
Aber lachen konnt ich nicht.

Seit ich sie verloren hab,
Schafft ich auch das Weinen ab;
Fast vor Weh das Herz mir bricht,
Aber weinen kann ich nicht.

Wenn ich in deine Augen seh,
So schwindet all mein Leid und Weh;
Doch wenn ich küsse deinen Mund,
So werd ich ganz und gar gesund.

Wenn ich mich lehn an deine Brust,
Kommts über mich wie Himmelslust;
Doch wenn du sprichst: Ich liebe dich!
So muß ich weinen bitterlich.

Vergiftet sind meine Lieder; —
Wie könnt es anders sein?
Du hast mir ja Gift gegossen
Ins blühende Leben hinein.

Vergiftet sind meine Lieder; —
Wie könnt es anders sein?
Ich trage im Herzen viel Schlangen,
Und dich, Geliebte mein.

Auch hier die Pointe in der letzten Zeile, auch diese böse —
aber das Unglück schließt den Dichter ein. Und ist so einfach
gesagt, daß es zugleich unaufhebbar scheint. Ein Achtzeiler
kann, wenn er gelingt wie dieser, ganz unentrinnbar traurig
sein.

Die Dichterliebe, die Schumann 1840 vertonte, beginnt mit
zwei Achtzeilern, die auch deshalb zu den bekanntesten Hei-
nes zählen:

Im wunderschönen Monat Mai,
Als alle Knospen sprangen,
Da ist in meinem Herzen
Die Liebe aufgegangen.

Im wunderschönen Monat Mai,
Als alle Vögel sangen,
Da hab ich ihr gestanden
Mein Sehnen und Verlangen.

Aus meinen Tränen sprießen
Viel blühende Blumen hervor,
Und meine Seufzer werden
Ein Nachtigallenchor.

Und wenn du mich lieb hast, Kindchen,
Schenk ich dir die Blumen all,
Und vor deinem Fenster soll klingen
Das Lied der Nachtigall.

Die Vertonung ist eine Gegen-Vertonung. »Aus meinen gro-
ßen Schmerzen / Mach ich die kleinen Lieder«; dieses
lyrische Programm des frühen Heine, die formale und − in
diesem Fall − auch inhaltliche Schlichtheit ist durch die
komplexe Arbeit des Komponisten aufgehoben. Entstanden
ist ein ehrgeiziges, ganz und gar autonomes musikalisches
Projekt, in dem, wie auch in den folgenden Schumann-
Liedern, Rumor und Klage, Pathos und Dynamik, milde
Dissonanz und mutwillige Eile, Verkündigungstiefe und
Melancholie alles umfassend darstellen, was man aus Heines
Zeilen lesen kann. Nur das Liedhafte ist fort; die Kunst des

Schlichten ist durch eine Kunst, die nichts weniger als schlicht sein will, ersetzt.

Abschließend noch ein später Achtzeiler, so selbstbewußt und gelöst, so wehmütig und melancholisch, so epigrammatisch in seiner Erfahrung, daß sein Reim schon keine Form mehr darstellt; er klingt nur nach.

Ich hatte einst ein schönes Vaterland.
Der Eichenbaum
Wuchs dort so hoch, die Veilchen nickten sanft.
Es war ein Traum.

Das küßte mich auf deutsch, und sprach auf deutsch
(Man glaubt es kaum
Wie gut es klang) das Wort: »ich liebe dich!«
Es war ein Traum.

DER BEINAHE VERBOTENE
SCHULBUCHDICHTER

Unzählige Gedichtanfänge und Reime Heines sind sprich-
wörtlich geworden, treiben in der deutschen Allgemeinbil-
dung wie Wrackteile am Meeresgrund; es muß nur einer
sagen »Blamier mich nicht, mein schönes Kind«, damit ein
anderer den Vers vollendet, und man muß wahrscheinlich
lange suchen, bis man einen findet, der beim Refrain der
Schlesischen Weber nicht wenigstens erinnernd die Stirne
runzelt. Es gibt aber auch drei Gedichte Heines, die Schul-
buchlektüre geworden sind, Heine am Stück, und alle mit
einer Verbotsgeschichte: *Belsatzar, Die Grenadiere* und *Die
Loreley*.
Auch wenn die Verbotsgeschichte doch keine ist: Denn le-
diglich ein langes germanistisches Wundern gibt es darüber,
daß Heines Ballade auf den maßlosen König Belsazar und
sein verehrendes Napoleon-Gedicht die Zensur überstanden
haben: Der letzte Heine-Biograph, Wolfgang Hädecke, ver-
mutet Schlamperei und/oder Dummheit der Zensur, Katha-
rina Mommsen nimmt an, Heines Napoleon-Schwärmerei
sei als eine Art historisches Kuriosum geduldet worden −
nicht weiter ernst zu nehmen also. Nehmen wir beide Ge-
dichte einmal ernst.

Die Grenadiere

Nach Frankreich zogen zwei Grenadier,
Die waren in Rußland gefangen.
Und als sie kamen ins deutsche Quartier,
Sie ließen die Köpfe hangen.

Da hörten sie beide die traurige Mär:
Daß Frankreich verloren gegangen,
Besiegt und zerschlagen das große Heer —
Und der Kaiser, der Kaiser gefangen.

Da weinten zusammen die Grenadier
Wohl ob der kläglichen Kunde.
Der eine sprach: Wie weh wird mir,
Wie brennt meine alte Wunde!

Der andre sprach: Das Lied ist aus,
Auch ich möcht mit dir sterben,
Doch hab ich Weib und Kind zu Haus,
Die ohne mich verderben.

Was schert mich Weib, was schert mich Kind,
Ich trage weit beßres Verlangen;
Laß sie betteln gehn, wenn sie hungrig sind —
Mein Kaiser, mein Kaiser gefangen!

Gewähr mir, Bruder, eine Bitt:
Wenn ich jetzt sterben werde,
So nimm meine Leiche nach Frankreich mit,
Begrab mich in Frankreichs Erde.

Das Ehrenkreuz am roten Band
Sollst du aufs Herz mir legen;

Die Flinte gib mir in die Hand,
Und gürt mir um den Degen.

So will ich liegen und horchen still,
Wie eine Schildwach, im Grabe,
Bis einst ich höre Kanonengebrüll
Und wiehernder Rosse Getrabe.

Dann reitet mein Kaiser wohl über mein Grab,
Viel Schwerter klirren und blitzen;
Dann steig ich gewaffnet hervor aus dem Grab —
Den Kaiser, den Kaiser zu schützen.

Was kann es denn Schöneres geben für Preußen, das mit den
Befreiungskriegen endgültig in den Kreis der europäischen
Großmächte aufgestiegen ist? Es galt ja, das Prinzip der
Monarchie zu stärken gegen den Nationalismus; gegen die
»linken« und »rechten« Freiheitskämpfer, die das Recht des
Volkes gegen das des Monarchen setzen wollten, die eine
deutsche Nation gegen das Herrscherprinzip der Dynastien
dachten und dafür kämpften und schrieben. Da wird dem
gebildeten Publikum nun von einem jungen Dichter vorge-
führt, wie alles zusammen geht: Soldaten, die an ihren
Kaiser glauben. (Es ist Napoleon, aber eben das ist ja ein
historischer Zufall. Denn es ist schon nicht mehr von Na-
poleon die Rede, sondern vom französischen Kaiser – den es
schon nicht mehr gibt –; nicht mehr der Befreier des Volkes
wird von Heinrich Heine bedichtet, sondern schon wieder
sein Fürst; nicht mehr der Begründer des Code Napoléon,
sondern ein selbstgekröntes Haupt, das über allem Recht
ruht.) Soldaten, die für ihren Kaiser fühlen. (Und nicht Be-
waffnete aus einem zusammengekauften Haufen, die heute
für den einen und morgen für dessen Feind in irgendeine
Schlacht ziehen. Nicht Analphabeten der Gewalt, sondern

politisch fühlende Subjekte; nicht Untertanen durch Gewalt, sondern solche von Herzen.) Soldaten, die bürgerlich denken, die Ehre der Familie zu ihrer Sache machen, die also treulich dem Kernprinzip des absolutistischen deutschen Staates folgen: »Auch ich möcht mit dir sterben, / Doch hab ich Weib und Kind zu Haus, / Die ohne mich verderben.« (Verankerte Personen, sorgsame Väter und Ehemänner, die ihr Auskommen, ihre Nachkommen und ihr Wohnzimmer ernst nehmen – und nicht halb Ausgestoßene aus der Gesellschaft, die zu Friedenszeiten Treibgut werden.) – Und schließlich Soldaten und Bürger, die, wenn es darauf ankommt, doch, tief und verläßlich, Untertanen sind: »Was schert mich Weib, was schert mich Kind, / Ich trage weit beßres Verlangen; / Laß sie betteln gehn, wenn sie hungrig sind – / Mein Kaiser, mein Kaiser gefangen!«

Warum sollte die Zensur eines Staates wie Preußen etwas gegen ein Gedicht unternehmen, das die Prinzipien seiner Ideologie, die Regeln seines Funktionierens so wunderschön und überzeugt besang? Man hatte ja nichts gegen Frankreich: das galt auch in Preußen für Kultur, und noch im Ersten Weltkrieg konnte man in Berlin ein französisches Abitur ablegen. Man hatte nichts gegen den »Erbfeind« persönlich, zumal der Volksbefreier Napoleon ja selbst wie ein dynastischer Herrscher seine Truppen versuchsweise die Welt erobern ließ: nix Selbstbestimmung der Völker, nichts mit Erwachen der Nationen. Die Grenadiere seines Reiches seufzten für ihren Kaiser so tief, wie es die Romanows, die Habsburger, die Hohenzollern, die Friedrichs und die Wilhelms sich für die ihren wünschten.

Belsatzar

Die Mitternacht zog näher schon;
In stummer Ruh lag Babylon.

Nur oben in des Königs Schloß,
Da flackerts, da lärmt des Königs Troß.

Dort oben in dem Königssaal
Belsatzar hielt sein Königsmahl.

Die Knechte saßen in schimmernden Reihn,
Und leerten die Becher mit funkelndem Wein.

Es klirrten die Becher, es jauchzten die Knecht;
So klang es dem störrigen Könige recht.

Des Königs Wangen leuchten Glut;
Im Wein erwuchs ihm kecker Mut.

Und blindlings reißt der Mut ihn fort;
Und er lästert die Gottheit mit sündigem Wort.

Und er brüstet sich frech, und lästert wild;
Der Knechtenschar ihm Beifall brüllt.

Der König rief mit stolzem Blick;
Der Diener eilt und kehrt zurück.

Er trug viel gülden Gerät auf dem Haupt;
Das war aus dem Tempel Jehovahs geraubt.

Und der König ergriff mit frevler Hand
Einen heiligen Becher, gefüllt bis am Rand.

Und er leert ihn hastig bis auf den Grund,
Und rufet laut mit schäumendem Mund:

Jehovah! dir künd ich auf ewig Hohn —
Ich bin der König von Babylon!

Doch kaum das grause Wort verklang,
Dem König wards heimlich im Busen bang.

Das gellende Lachen verstummte zumal;
Es wurde leichenstill im Saal.

Und sieh! und sieh! an weißer Wand
Da kams hervor wie Menschenhand;

Und schrieb, und schrieb an weißer Wand
Buchstaben von Feuer, und schrieb und schwand.

Der König stieren Blicks da saß,
Mit schlotternden Knien und totenblaß.

Die Knechtenschar saß kalt durchgraut,
Und saß gar still, gab keinen Laut.

Die Magier kamen, doch keiner verstand
Zu deuten die Flammenschrift an der Wand.

Belsatzar ward aber in selbiger Nacht
Von seinen Knechten umgebracht.

König und Thron: So haben wir alles beisammen. Belsatzar
ist ein schlechter König und Tyrann, weil er nach einem
Zepter greift, das von einem anderen Reiche ist. Es ist nicht
Willkürherrschaft, die ihn zu Fall und Tode bringt, es ist die

Lästerung des Allerhöchsten. »Mene, mene, tekel...« Im Buch Daniel heißt es: »Und die Schrift bedeutet dies: Mene, das ist, Gott hat dein Königreich gezählet und vollendet. Tekel, das ist, man hat dich in einer Waage gewogen und zu leicht gefunden.« Gott hat dein Königreich vollendet... Belsatzars Grenzen sind die irdischen; er hat sich vergangen nicht an der Freiheit, dem Volk, der Nation, dem Recht oder dem Menschenleben − er hat sich vergangen gegen Gott. Und seine Knechte − ein trinkender, lärmender Troß, mitgerissen von des Königs Machtrausch, kein aufgeklärtes, revolutionsbereites, selbstbewußtes Bürgertum, sondern eine archaische, kulturlose Horde − spüren mehr als sie wissen, daß mit Belsatzars Lästerung etwas zerstört wurde, das nur mit dem Tod zu sühnen ist: der König muß geopfert werden; sein Vergehen muß getilgt werden, soll es nicht als Verhängnis alle mitreißen.

Und Preußen wie Österreich, Heines politische Wirklichkeit, soweit das Auge sah, beruhten auf dieser freundlichen Teilung der Macht, die Belsatzar überspringen wollte. (Wobei Preußen sich die Mühewaltung des Teilens hienieden gar nicht erst machte; der König war auch das Oberhaupt der Kirche, der erste Diener des Staats auch der erste Vorbeter. Deshalb auch wurde vom Monarchen Frömmigkeit erwartet; gerade im Biedermeier nahm sich der bürgerliche Hausvater ein Beispiel am religiös pflichtbewußten, nach Möglichkeit innigen König.) Dem Kaiser geben, was des Kaisers ist − das setzt voraus, daß ihm nicht alles zukommt: und vor Gott selbst ist auch der König nichts als Untertan. Das Prinzip, auf dem nicht nur die Restauration, sondern auch die innere Stabilität Mittel- und Osteuropas bis zum ersten Weltkrieg beruhten, lautet: Treue der Dynastie der Herrscher, Treue dem Kaiser, gleich welchem Volk, welcher Kultur und Sprache man angehört − und Treue der einen Kirche, deren lateinischen Gottesdienste von Rom bis zu den Philippinen verständlich und dieselben waren.

Der jüdisch geborene, aber assimiliert erzogene und in einer katholischen Schule unterrichtete Heinrich Heine, der schließlich zum Protestantismus konvertierte, hat hier den Monotheismus besungen als eine Ordnungsmacht – in einer Ballade, die eine Parabel ist auf ein ganz ungeschichtliches Verhältnis von irdischer Macht und göttlicher Unantastbarkeit.

Also gar kein Verbotsgrund weit und breit für den *Belsatzar*. Die *Loreley* schließlich war selbstverständlich niemals ordnungsgefährdend; gefährdet war das Gedicht nur als das eines jüdischen Verfassers, der geistig undeutsch, charakterlos, entartet war. Aber die Loreley, die mit so rührender Schlichtheit eine Wehmut besingt, die von den Deutschen sofort als unmittelbarer Erweis ihres Gemüts adoptiert und auch zu den ungemütlichsten Zeiten als solcher gesungen wurde – die war nicht mehr in Vergessenheit zu bringen. Da konnte nur noch eines helfen: die von Heine in ihre schönste und populärste Form gebrachte Version eines alten Märchens zum Volkslied zu promovieren und darunter zu setzen: »Verf. unbekannt«. Frei nach Goethe könnte man resümieren: Ein echter deutscher Mann mag keinen Heine leiden / Doch seine Verse singt er gern.

Ich weiß nicht was soll es bedeuten,
Daß ich so traurig bin;
Ein Märchen aus alten Zeiten,
Das kommt mir nicht aus dem Sinn.

Die Luft ist kühl und es dunkelt,
Und ruhig fließt der Rhein;
Der Gipfel des Berges funkelt
Im Abendsonnenschein.

43

Die schönste Jungfrau sitzet
Dort oben wunderbar;
Ihr goldnes Geschmeide blitzet,
Sie kämmt ihr goldenes Haar.

Sie kämmt es mit goldenem Kamme
Und singt ein Lied dabei;
Das hat eine wundersame,
Gewaltige Melodei.

Den Schiffer im kleinen Schiffe
Ergreift es mit wildem Weh;
Er schaut nicht die Felsenriffe,
Er schaut nur hinauf in die Höh.

Ich glaube, die Wellen verschlingen
Am Ende Schiffer und Kahn;
Und das hat mit ihrem Singen
Die Lore-Ley getan.

DER WIRKLICH VERBOTENE DICHTER

Anno 1839

O, Deutschland, meine ferne Liebe,
Gedenk ich deiner, wein ich fast!
Das muntre Frankreich scheint mir trübe,
Das leichte Volk wird mir zur Last.

Nur der Verstand, so kalt und trocken,
Herrscht in dem witzigen Paris —
O, Narrheitsglöcklein, Glaubensglocken,
Wie klingelt ihr daheim so süß!

Höfliche Männer! Doch verdrossen
Geb ich den artgen Gruß zurück. —
Die Grobheit, die ich einst genossen
Im Vaterland, das war mein Glück!

Lächelnde Weiber! Plappern immer,
Wie Mühlenräder stets bewegt!
Da lob ich Deutschlands Frauenzimmer,
Das schweigend sich zu Bette legt.

Und alles dreht sich hier im Kreise,
Mit Ungestüm, wie'n toller Traum!
Bei uns bleibt alles hübsch im Gleise,
Wie angenagelt, rührt sich kaum.

Mir ist, als hört ich fern erklingen
Nachtwächterhörner, sanft und traut;
Nachtwächterlieder hör ich singen,
Dazwischen Nachtigallenlaut.

Dem Dichter war so wohl daheime,
In Schildas teurem Eichenhain!
Dort wob ich meine zarten Reime
Aus Veilchenduft und Mondenschein.

Die längste Zeit seines bewußten Lebens war Heine drau-
ßen. Er ging mit Anfang Dreißig nach Paris und blieb dort
bis zu seinem Tode 1856; Deutschland, das Vaterland, war ein
Besuchsziel. Wie weit er jemals drinnen war, ist ohnehin
schwer zu sagen: Kann ein jüdisch geborener Händlerssohn,
aus Anpassungsdruck katholisch erzogen, aus Ehrgeiz prote-
stantisch getauft, jemals ganz dazugehören? Kann ein Au-
ßenseiter mit Selbstbewußtsein, ein empfindsamer Mensch
mit Stolz, einer Ständegesellschaft angehören? Könnte ein
wacher politischer Kopf, der buchstäblich nichts zu verlieren
hat, die deutsche Restaurationszeit ohne Verkrümmung
überstehen?
Heine hat seine Zeitgenossen, seine zeitweiligen Wegge-
fährten in Paris gelesen und empfangen, hat ihre Biogra-
phien verfolgt oder, wie die Ludwig Börnes, sogar geschrie-
ben: es war nicht viel Ermutigendes dabei. Ob langjährige
Freunde wie Rahel Varnhagen und ihr Mann, ob kurzfristige
Bundesgenossen wie Börne oder Arnold Ruge, ob solide
Feinde wie August von Platen oder die entfernten Viertel-
freunde des Vormärz, Herwegh, Dingelstedt, Freiligrath:
tiefe Depression wechselte mit freundlichem Wahn, anhal-
tende Revolutionssehnsucht mit Feigheit im Augenblick,
unsichere persönliche Brüderschaften mit absurden politi-
schen Koalitionen. Und schließlich dachten sie alle, und

schrieben das, was sie dachten, unter den Augen der Zensur. Das alles verdarb vielleicht nicht den Charakter, aber doch mit Sicherheit den Stil:

»Der Mann«, heißt es über Börne – und darin ist der Frankfurter stellvertretend – »der sich, in seiner anständigen, geschniegelten Schreibart, immer selbst inspizierte und kontrollierte, und der jede Silbe, ehe er sie nieder schrieb, vorher abwog und abmaß...« Dieser ach so Vorsichtige und Genaue, der schließlich doch, von der dumm machenden politischen Schwärmerei erfaßt, in edler Einheit von Gedanken und Sprache endlich ein Delikt machen wollte – »... der ehemalige Polizeiaktuar von Frankfurt am Main stürzte sich jetzt in einen Sanskülottismus des Gedankens und des Ausdrucks, wie man dergleichen in Deutschland noch nie erlebt hat. Himmel! welche entsetzliche Wortfügungen; welche hochverräterische Zeitwörter! welche majestätsverbrecherische Akkusative! welche Imperative! welche polizeiwidrige Fragezeichen! welche Metaphern, deren bloßer Schatten schon zu zwanzig Jahr Festungsstrafe berechtigte!«

Das war der Spott eines Autors, der es mit zweiunddreißig Jahren immerhin zum Totalverbot gebracht hatte: In Preußen fing es mit den *Reisebildern IV* an, dann wurden alle Bücher Heines verboten, sogar die noch nicht geschriebenen. Wie unklar aber zumindest ihm selbst seine Position in Deutschland war, geht aus der Tatsache hervor, daß er sich in denselben Tagen, da seine vierten *Reisebilder* erschienen, noch um eine Stelle als Hamburger Ratssyndikus bewerben wollte: Vielleicht stand ihm Börne vor Augen, der, als Radikaler abgewickelt, doch immerhin auf ein Amt zurückschauen und eine Pension verzehren konnte. Vielleicht war es der späte Trotz des Jurastudenten wider Willen, der für die Mühsal einer strategisch vernünftigen Ausbildung einmal belohnt werden wollte. Vielleicht war es auch ein letzter Versuch, in Hamburg, der »Wiege seiner Leiden« und dem Ort sozialer Demütigung, sich noch einmal Respekt zu er-

kämpfen. Sicher aber war es nicht das Bemühen, zum
Märtyrer zu werden: die Pose war ihm zu lächerlich. Und er
war längst zu selbstbewußt, um eine Nachruhmsicherung
dieser Art noch zu brauchen. »Ich zieh mich aus der Politik
zurück«, schrieb er aus Paris sofort seiner Mutter: »Das Va-
terland mag sich einen anderen Narren suchen.«

Bei des Nachtwächters Ankunft zu Paris

»Nachtwächter mit langen Fortschrittsbeinen,
Du kommst so verstört einhergerannt!
Wie geht es daheim den lieben Meinen,
Ist schon befreit das Vaterland?«

Vortrefflich geht es, der stille Segen,
Er wuchert im sittlich gehüteten Haus,
Und ruhig und sicher, auf friedlichen Wegen,
Entwickelt sich Deutschland von innen heraus.

Nicht oberflächlich wie Frankreich blüht es,
Wo Freiheit das äußere Leben bewegt;
Nur in der Tiefe des Gemütes
Ein deutscher Mann die Freiheit trägt.

Der Dom zu Cöllen wird vollendet,
Den Hohenzollern verdanken wir das;
Habsburg hat auch dazu gespendet,
Ein Wittelsbach schickt Fensterglas.

Die Konstitution, die Freiheitsgesetze,
Sie sind uns versprochen, wir haben das Wort,
Und Königsworte, das sind Schätze,
Wie tief im Rhein der Niblungshort.

Der freie Rhein, der Brutus der Flüsse,
Er wird uns nimmermehr geraubt!
Die Holländer binden ihm die Füße,
Die Schwyzer halten fest sein Haupt.

Auch eine Flotte will Gott uns bescheren,
Die patriotische Überkraft
Wird lustig rudern auf deutschen Galeeren;
Die Festungsstrafe wird abgeschafft.

Es blüht der Lenz, es platzen die Schoten,
Wir atmen frei in der freien Natur!
Und wird uns der ganze Verlag verboten,
So schwindet am Ende von selbst die Zensur.

Auch dieses Gedicht fiel der Zensur zum Opfer; es erschien
ohne Titel als fliegendes Blatt. Der »Nachtwächter« ist
Franz Dingelstedt, der bei Heines Verleger Campe 1840 seine
anonymen »Lieder eines kosmopolitischen Nachtwächters«
veröffentlicht hatte – ein Mann, den Heine persönlich
schätzte, aber eben auch einer, der noch von Versprechungen
lebte, als Heine längst so realistisch war, daß man ihn für
einen Zyniker halten durfte. Friedrich Wilhelm IV. hatte
gerade erst, nach seinem Regierungsantritt 1840, die Ver-
fassungsversprechen seines Vaters von 1810 und 1815 eben
nicht erneuert – und so gab es, für einen von draußen,
tatsächlich gar nichts zu erwarten. Sondern überhaupt nur
zu warnen.

Warnung

Solche Bücher läßt du drucken!
Teurer Freund, du bist verloren!
Willst du Geld und Ehre haben,
Mußt du dich gehörig ducken.

Nimmer hätt ich dir geraten
So zu sprechen vor dem Volke,
So zu sprechen von den Pfaffen
Und von hohen Potentaten!

Teurer Freund, du bist verloren!
Fürsten haben lange Arme,
Pfaffen haben lange Zungen,
Und das Volk hat lange Ohren!

Das schrieb Heine schon 1829. In Caput XXII vom *Winter-märchen*, fünfzehn Jahre später, gedenkt er mit Spott seines Aufpassers:

Auch meinen alten Zensor sah
Ich wieder. Im Nebel, gebücket,
Begegnet er mir auf dem Gänsemarkt,
Schien sehr darnieder gedrücket.

Wir schüttelten uns die Hände, es schwamm
Im Auge des Manns eine Träne.
Wie freute er sich, mich wieder zu sehn!
Es war eine rührende Szene. –

Und in seinem Börne-Buch macht Heine aus dem polizei-
lichen Schatten noch einmal eine helle, harte Pointe, die
zeigt, wie wenig er Märtyrer und wie sehr er Satiriker war:
nicht mit der Brust in das Messer laufen, sondern die Spitze
noch einmal schärfen und dann drehen. »Und doch wußte
er«, schrieb er über den Republikaner, »daß er von Spionen
umgeben war, und einst sagte er mir: ›da geht beständig ein
Kerl hinter mir her, der mich auf allen Straßen verfolgt, vor
allen Häusern stehen bleibt, wo ich hineingehe und gewiß
von irgend einer Regierung teuer dafür bezahlt wird. Wüßte
ich nur, welche Regierung, ich würde ihr schreiben, daß ich
das Geld selbst verdienen möchte, daß ich selber ihr täglich
einen gewissenhaften Rapport abstatten wolle, wie ich den
ganzen Tag zugebracht, mit wem ich gesprochen, wohin ich
gegangen: ja, ich bin erbötig, diesen Rapport zu weit wohl-
feilerem Preise, ja für die Hälfte des Geldes zu liefern, das
dieser Kerl, der beständig hinter mir einher geht, sich zahlen
läßt; denn ich muß ja alle diese Gänge ohnedies machen. Ich
könnte vielleicht davon leben, daß ich mein eigner Spion
werde.‹«
So eine Idee kann denen nicht einleuchten, die ihr politi-
sches Selbstbewußtsein von einer Höhe aus gebildet haben,
die Selbstironie nicht zuläßt: Der ehemalige Beamte Börne,
der in Heines Sicht erst im Alter zum Jüngling wurde, muß-
te die Erfahrung des Ineinander von Repression und Kalkül,
Vorsicht und Mut in einem deutschen Lebenslauf noch ma-
chen. Die jungen Dichter des Vormärz, mit großen, klaren
Feindbildern herangewachsen, feierten lyrisch die großen
Gesten und waren schon Helden im Staatstheater, bevor der
Vorhang hochging.

An Georg Herwegh

Herwegh, du eiserne Lerche,
Mit klirrendem Jubel steigst du empor
Zum heilgen Sonnenlichte!
Ward wirklich der Winter zu nichte?
Steht wirklich Deutschland im Frühlingsflor?

Herwegh, du eiserne Lerche,
Weil du so himmelhoch dich schwingst,
Hast du die Erde aus dem Gesichte
Verloren — Nur in deinem Gedichte
Lebt jener Lenz den du besingst.

Die »eisernen Lerchen« im Vaterland sangen laut und schlu-
gen kräftig mit dem Flügeln. Es kann ihnen nicht viel
Freude bereitet haben, wie ihr großes Vorbild Heine aus dem
Exil ihren szenischen Aufschwung kommentierte.

An einen politischen Dichter

Du singst wie einst Tyrtäus sang,
Von Heldenmut beseelet,
Doch hast du schlecht dein Publikum
Und deine Zeit gewählet.

Beifällig horchen sie dir zwar,
Und loben schier begeistert:
Wie edel dein Gedankenflug,
Wie du die Form bemeistert.

Sie pflegen auch beim Glase Wein
Ein Vivat dir zu bringen,
Und manchen Schlachtgesang von dir
Lautbrüllend nachzusingen.

Der Knecht singt gern ein Freiheitslied
Des Abends in der Schenke:
Das fördert die Verdauungskraft
Und würzet die Getränke.

Und es war ja nicht nur das Illusionäre, das Heine bespöt-
telte: Es war vor allem der Stil, der in seinem Pathos zeigte,
daß die Ewigkeit so attraktiv schien, weil der Augenblick
zäh war und kleinlich machte. »Was man sich nicht erflie-
gen kann, das muß man sich erhinken«, sagte der Lyriker
Friedrich Rückert. Aber wer will schon hinken, wenn er mit
den höchsten Vokabeln ein weit entferntes Ziel erstelzen
kann?

Die Tendenz

Deutscher Sänger! sing und preise
Deutsche Freiheit, daß dein Lied
Unsrer Seelen sich bemeistre
Und zu Taten uns begeistre,
In Marseillerhymnenweise.

Girre nicht mehr wie ein Werther,
Welcher nur für Lotten glüht —
Was die Glocke hat geschlagen,
Sollst du deinem Volke sagen,
Rede Dolche, rede Schwerter!

Sei nicht mehr die weiche Flöte,
Das idyllische Gemüt —
Sei des Vaterlands Posaune,
Sei Kanone, sei Kartaune,
Blase, schmettre, donnre, töte!

Blase, schmettre, donnre täglich,
Bis der letzte Dränger flieht –
Singe nur in dieser Richtung,
Aber halte deine Dichtung
Nur so allgemein als möglich.

Heinrich Heine, der Verbotene: Er war auch in Paris nicht allein. »Ich bin umgeben von Preußischen Spionen; obgleich ich mich den politischen Intriguen fern halte, fürchten sie mich doch am meisten«, berichtete er den Varnhagens schon kurz nach seiner Ankunft. (Wobei die Spitzel des Regimes keine Banausen waren und ihren Erkundungsobjekten nicht selten auf Augenhöhe begegnen konnten. Wäre Heine nach London gegangen, hätte Fontane sein Partner sein können.) Das Fernhalten hielt auch nicht lange: Der satirische Autor Heine, der bekannte Lyriker und Polemiker war für die deutschen Ausgewiesenen, die politischen Flüchtlinge und Emigranten halb wider Willen – einige Hunderte in den dreißiger und vierziger Jahren – Autorität und Mythos. »Hier hat sich unterdessen«, berichtete Heine 1832 schon an Cotta, »eine Assoziation für freie Preßblätter gebildet, die schon viele hundert Glieder zählt, und wobei mein Name, als Lockvogel, mehr als mir lieb ist, gebraucht worden.« Es gab Resolutionen zu unterschreiben und Versammlungen zu besuchen, es galt, sich zu positionieren. Aber er wollte sich nicht nötigen lassen, von den Republikanern, »daß ich mich *für* oder *gegen* sie erklären müsse, wovon ich das erstere aus Überzeugung und das andere aus Klugheit bis jetzt unterlassen. Ich bin nicht der Mann, der sich zwingen läßt.« Wolfgang Hädecke zeichnet in seiner Biographie Heinrich Heines die vertrackte Situation des Exilanten akribisch nach, der in den deutschen kleinen Kreisen von Paris weit vorsichtiger taktieren mußte als je in Hamburg, Göttingen oder Berlin: So wurde der Gemäßigte, der aus seiner Sympathie für die französische Monarchie nie ein Geheimnis machte, sogar verdächtigt, von Metternich bezahlt, die gute Sache zu verraten. Er zeigte zwar schriftlich immer wieder, daß er »kein bezahlter Schuft« sei, aber die Hysterie jener Freunde, die man sich als Feinde nicht wünschen möchte, war dauerhaft nicht zu beruhigen. 1835 schrieb er an den Komponisten Meyerbeer: »Germania, die alte Bärin, hat alle ihre Flöhe auf Paris ausgeschüttet und ich Ärmster werde davon am unaufhörlichsten zernagt.«

An Hoffmann von Fallersleben

O Hoffmann, deutscher Brutus,
Wie bist du mutig und kühn,
Du setzest Läuse den Fürsten
In den Pelz, in den Hermelin.

Und wen es juckt, der kratzt sich,
Sie kratzen sich endlich tot,
Die sechsunddreißig Tyrannen,
Und es endigt sich unsere Not.

O Hoffmann, deutscher Brutus,
Von Fallersleben genannt,
Mit deinem Ungeziefer
Befreist du uns das Land.

Bei August Heinrich Hoffmann von Fallersleben, dem wir die Nationalhymne verdanken, war Heine ganz auf seiten der Zensur. Hoffmanns Gedichte waren, zusammen mit Dingelstedts Liedern, Anlaß für ein zeitweiliges umfassendes Publikationsverbot für den Verleger Campe. Dessen Autor Heine kondolierte ihm dazu: »Die Gedichte von Hoff-

mann von Fallersleben, die Ihnen zunächst diese Not einge-
brockt, sind spottschlecht, und vom ästhetischen Standpunk-
te aus hatte die preußische Regierung ganz recht darüber
ungehalten zu sein: schlechte Späßchen um Philister zu
amüsieren bei Bier und Taback.« Mit solchen Dichtern, die
gut in den derzeitigen PEN passen würden, mochte es noch
lange weitergehen: »In Schwaben besah ich die Dichter-
schul, / Gar liebe Geschöpfchen und Tröpfchen! / Auf
kleinen Kackstühlchen saßen sie dort, / Fallhütchen auf den
Köpfchen.«
Denn sie garantierten eine Tradition, die das Wort schon für
die Tat nimmt: das idealistische Selbstmißverständnis einer
Kultur, deren Vereinzelte, die sie trugen, keine Erfahrung
machen konnten mit dem politisch heiklen Verhältnis von
Wunsch, Theorie und Erfahrung. Heine, dessen Worte als
Taten geahndet wurden, hat jener deutschen Lücke zwi-
schen den Modi diverse Gedichte gewidmet.

Caput VII

Ich ging nach Haus und schlief, als ob
Die Engel gewiegt mich hätten.
Man ruht in deutschen Betten so weich,
Denn das sind Federbetten.

Wie sehnt ich mich oft nach der Süßigkeit
Des vaterländischen Pfühles,
Wenn ich auf harten Matratzen lag,
In der schlaflosen Nacht des Exiles!

Man schläft sehr gut und träumt auch gut
In unseren Federbetten.
Hier fühlt die deutsche Seele sich frei
Von allen Erdenketten.

Sie fühlt sich frei und schwingt sich empor
Zu den höchsten Himmelsräumen.
O deutsche Seele, wie stolz ist dein Flug
In deinen nächtlichen Träumen!

Die Götter erbleichen, wenn du nahst!
Du hast auf deinen Wegen
Gar manches Sternlein ausgeputzt
Mit deinen Flügelschlägen!

Franzosen und Russen gehört das Land,
Das Meer gehört den Briten,
Wir aber besitzen im Luftreich des Traums
Die Herrschaft unbestritten.

Hier üben wir die Hegemonie,
Hier sind wir unzerstückelt;
Die andern Völker haben sich
Auf platter Erde entwickelt. — —

Und als ich einschlief, da träumte mir,
Ich schlenderte wieder im hellen
Mondschein die hallenden Straßen entlang,
In dem altertümlichen Cöllen.

Und hinter mir ging wieder einher
Mein schwarzer, vermummter Begleiter.
Ich war so müde, mir brachen die Knie,
Doch immer gingen wir weiter.

Wir gingen weiter. Mein Herz in der Brust
War klaffend aufgeschnitten,
Und aus der Herzenswunde hervor
Die roten Tropfen glitten.

Ich tauchte manchmal die Finger hinein,
Und manchmal ist es geschehen,
Daß ich die Haustürpfosten bestrich
Mit dem Blut im Vorübergehen.

Und jedesmal, wenn ich ein Haus
Bezeichnet in solcher Weise,
Ein Sterbeglöckchen erscholl fernher,
Wehmütig wimmernd und leise.

Am Himmel aber erblich der Mond,
Er wurde immer trüber;
Gleich schwarzen Rossen jagten an ihm
Die wilden Wolken vorüber.

Und immer ging hinter mir einher
Mit seinem verborgenen Beile
Die dunkle Gestalt — so wanderten wir
Wohl eine gute Weile.

Wir gehen und gehen, bis wir zuletzt
Wieder zum Domplatz gelangen;
Weit offen standen die Pforten dort,
Wir sind hineingegangen.

Es herrschte im ungeheuren Raum
Nur Tod und Nacht und Schweigen;
Es brannten Ampeln hie und da,
Um die Dunkelheit recht zu zeigen.

Ich wandelte lange den Pfeilern entlang
Und hörte nur die Tritte
Von meinem Begleiter, er folgte mir
Auch hier bei jedem Schritte.

Wir kamen endlich zu einem Ort,
Wo funkelnde Kerzenhelle
Und blitzendes Gold und Edelstein;
Das war die Drei-Königs-Kapelle.

Die heilgen drei Könige jedoch,
Die sonst so still dort lagen,
O Wunder! sie saßen aufrecht jetzt
Auf ihren Sarkophagen.

Drei Totengerippe, phantastisch geputzt,
Mit Kronen auf den elenden
Vergilbten Schädeln, sie trugen auch
Das Zepter in knöchernen Händen.

Wie Hampelmänner bewegten sie
Die längstverstorbenen Knochen;
Die haben nach Moder und zugleich
Nach Weihrauchduft gerochen.

Der Eine bewegte sogar den Mund
Und hielt eine Rede, sehr lange;
Er setzte mir auseinander, warum
Er meinen Respekt verlange.

Zuerst weil er ein Toter sei,
Und zweitens weil er ein König,
Und drittens weil er ein Heilger sei –
Das alles rührte mich wenig.

Ich gab ihm zur Antwort lachenden Muts:
Vergebens ist deine Bemühung!
Ich sehe, daß du der Vergangenheit
Gehörst in jeder Beziehung.

Fort! fort von hier! im tiefen Grab
Ist Eure natürliche Stelle.
Das Leben nimmt jetzt in Beschlag
Die Schätze dieser Kapelle.

Der Zukunft fröhliche Kavallerie
Soll hier im Dome hausen.
Und weicht Ihr nicht willig, so brauch ich Gewalt
Und laß Euch mit Kolben lausen!

So sprach ich, und ich drehte mich um,
Da sah ich furchtbar blinken
Des stummen Begleiters furchtbares Beil —
Und er verstand mein Winken.

Er nahte sich, und mit dem Beil
Zerschmetterte er die armen
Skelette des Aberglaubens, er schlug
Sie nieder ohn Erbarmen.

Es dröhnte der Hiebe Widerhall
Aus allen Gewölben, entsetzlich, —
Blutströme schossen aus meiner Brust,
Und ich erwachte plötzlich.

In diesem Traum von Deutschland hat der Dichter dem
deutschen Träumer seinen Schatten zurückgegeben, den Tä-
ter. Wo immer dieser Schatten fehlt — und er fehlt in
Deutschland fast immer — verdichten sich die Symbole zum
unentrinnbaren Schrecken: die hilflosen bösen Wünsche
brüten Ohnmacht und Pestilenz.

Minden ist eine feste Burg,
Hat gute Wehr und Waffen!
Mit preußischen Festungen hab ich jedoch
Nicht gerne was zu schaffen.

Wir kamen dort an zur Abendzeit.
Die Planken der Zugbrück stöhnten
So schaurig, als wir hinübergerollt;
Die dunklen Gräben gähnten.

Die hohen Bastionen schauten mich an,
So drohend und verdrossen;
Das große Tor ging rasselnd auf,
Ward rasselnd wieder geschlossen.

Ach! meine Seele ward betrübt,
Wie des Odysseus Seele,
Als er gehört, daß Polyphem
Den Felsblock schob vor die Höhle.

Es trat an den Wagen ein Korporal
Und frug uns: wie wir hießen?
Ich heiße Niemand, bin Augenarzt
Und steche den Star den Riesen.

Im Wirtshaus ward mir noch schlimmer zu Mut,
Das Essen wollt mir nicht schmecken.
Ging schlafen sogleich, doch schlief ich nicht,
Mich drückten so schwer die Decken.

Es war ein breites Federbett,
Gardinen von rotem Damaste,
Der Himmel von verblichenem Gold,
Mit einem schmutzigen Quaste.

Verfluchter Quast! der die ganze Nacht
Die liebe Ruhe mir raubte!
Er hing mir, wie des Damokles Schwert,
So drohend über dem Haupte!

Schien manchmal ein Schlangenkopf zu sein,
Und ich hörte ihn heimlich zischen:
Du bist und bleibst in der Festung jetzt,
Du kannst nicht mehr entwischen!

O, daß ich wäre – seufzte ich –
Daß ich zu Hause wäre,
Bei meiner lieben Frau in Paris,
Im Faubourg-Poissonière!

Ich fühlte, wie über die Stirne mir
Auch manchmal etwas gestrichen,
Gleich einer kalten Zensorhand,
Und meine Gedanken wichen –

Gendarmen in Leichenlaken gehüllt,
Ein weißes Spukgewirre,
Umringte mein Bett, ich hörte auch
Unheimliches Kettengeklirre.

Ach! die Gespenster schleppten mich fort
Und ich hab mich endlich befunden
An einer steilen Felsenwand;
Dort war ich festgebunden.

Der böse schmutzige Betthimmelquast!
Ich fand ihn gleichfalls wieder,
Doch sah er jetzt wie ein Geier aus,
Mit Krallen und schwarzem Gefieder.

Er glich dem preußischen Adler jetzt,
Und hielt meinen Leib umklammert;
Er fraß mir die Leber aus der Brust,
Ich habe gestöhnt und gejammert.

Ich jammerte lange – da krähte der Hahn,
Und der Fiebertraum erblaßte.
Ich lag zu Minden im schwitzenden Bett,
Der Adler ward wieder zum Quaste.

Ich reiste fort mit Extrapost,
Und schöpfte freien Odem
Erst draußen in der freien Natur,
Auf bückeburgschem Boden.

So träumen die Dichter auf Besuch. Die anderen, die immer
unter den dicken Decken liegen, die tagsüber hoch träumen
und nachts tief schlafen, schreiben andere Poesie. Ein jedes
Land, läßt sich aus Heines Zeitgedichten schließen, hat doch
die Dichter, die es verdient.

Zur Beruhigung

Wir schlafen ganz, wie Brutus schlief –
Doch jener erwachte und bohrte tief
In Cäsars Brust das kalte Messer!
Die Römer waren Tyrannenfresser.

Wir sind keine Römer, wir rauchen Tabak.
Ein jedes Volk hat seinen Geschmack,
Ein jedes Volk hat seine Größe;
In Schwaben kocht man die besten Klöße.

Wir sind Germanen, gemütlich und brav,
Wir schlafen gesunden Pflanzenschlaf,
Und wenn wir erwachen, pflegt uns zu dürsten,
Doch nicht nach dem Blute unserer Fürsten.

Wir sind so treu wie Eichenholz,
Auch Lindenholz, drauf sind wir stolz;
Im Land der Eichen und der Linden
Wird niemals sich ein Brutus finden.

Und wenn auch ein Brutus unter uns wär,
Den Cäsar fänd er nimmermehr,
Vergeblich würd er den Cäsar suchen;
Wir haben gute Pfefferkuchen.

Wir haben sechsunddreißig Herrn
(Ist nicht zu viel!), und einen Stern
Trägt jeder schützend auf seinem Herzen,
Und er braucht nicht zu fürchten die Iden des Märzen.

Wir nennen sie Väter, und Vaterland
Benennen wir dasjenige Land,
Das erbeigentümlich gehört den Fürsten;
Wir lieben auch Sauerkraut mit Würsten.

Wenn unser Vater spazieren geht,
Ziehn wir den Hut mit Pietät;
Deutschland, die fromme Kinderstube,
Ist keine römische Mördergrube.

Der Traum von Deutschland geriet Heine verläßlich zum
Alptraum. Die größte Berühmtheit hat ein Heimat-Gedicht
erlangt, in dem er nicht zum Schlafen kommt. Womöglich,
weil die deutsche Mutter der buchstäbliche Gegenstand sei-

ner Sorge ist, was eine ungefährliche Rührung ermöglicht. Vielleicht aber auch, weil sich in den *Nachtgedanken* zeigt, daß das Bewußtsein der Gedanken eine ganz besondere Qual bedeutet: das Vaterland ist schon abgeschrieben (und hat, als politische Konstruktion und Utopie, dennoch ein ewiges Leben). Das Mutterland aber, das Land der Erfahrung, ist wirklich verloren gegangen.

> Denk ich an Deutschland in der Nacht,
> Dann bin ich um den Schlaf gebracht,
> Ich kann nicht mehr die Augen schließen,
> Und meine heißen Tränen fließen.
>
> Die Jahre kommen und vergehn!
> Seit ich die Mutter nicht gesehn,
> Zwölf Jahre sind schon hingegangen;
> Es wächst mein Sehnen und Verlangen.
>
> Mein Sehnen und Verlangen wächst.
> Die alte Frau hat mich behext,
> Ich denke immer an die alte,
> Die alte Frau, die Gott erhalte!
>
> Die alte Frau hat mich so lieb,
> Und in den Briefen, die sie schrieb,
> Seh ich, wie ihre Hand gezittert,
> Wie tief das Mutterherz erschüttert.
>
> Die Mutter liegt mir stets im Sinn.
> Zwölf lange Jahre flossen hin,
> Zwölf lange Jahre sind verflossen,
> Seit ich sie nicht ans Herz geschlossen.

Deutschland hat ewigen Bestand,
Es ist ein kerngesundes Land,
Mit seinen Eichen, seinen Linden,
Werd ich es immer wiederfinden.

Nach Deutschland lechzt ich nicht so sehr,
Wenn nicht die Mutter dorten wär;
Das Vaterland wird nie verderben,
Jedoch die alte Frau kann sterben.

Seit ich das Land verlassen hab,
So viele sanken dort ins Grab,
Die ich geliebt − wenn ich sie zähle,
So will verbluten meine Seele.

Und zählen muß ich − Mit der Zahl
Schwillt immer höher meine Qual,
Mir ist, als wälzten sich die Leichen,
Auf meine Brust − Gottlob! sie weichen!

Gottlob! durch meine Fenster bricht
Französisch heitres Tageslicht;
Es kommt mein Weib, schön wie der Morgen,
Und lächelt fort die deutschen Sorgen.

DER UNZUVERLÄSSIGE LINKE

Caput I

Im traurigen Monat November wars,
Die Tage wurden trüber,
Der Wind riß von den Bäumen das Laub,
Da reist ich nach Deutschland hinüber.

Und als ich an die Grenze kam,
Da fühlt ich ein stärkeres Klopfen
In meiner Brust, ich glaube sogar
Die Augen begunnen zu tropfen.

Und als ich die deutsche Sprache vernahm,
Da ward mir seltsam zu Mute;
Ich meinte nicht anders, als ob das Herz
Recht angenehm verblute.

Ein kleines Harfenmädchen sang.
Sie sang mit wahrem Gefühle
Und falscher Stimme, doch ward ich sehr
Gerühret von ihrem Spiele.

Sie sang von Liebe und Liebesgram,
Aufopfrung und Wiederfinden
Dort oben, in jener besseren Welt,
Wo alle Leiden schwinden.

Sie sang vom irdischen Jammertal,
Von Freuden, die bald zerronnen,
Vom Jenseits, wo die Seele schwelgt
Verklärt in ewgen Wonnen.

Sie sang das alte Entsagungslied,
Das Eiapopeia vom Himmel,
Womit man einlullt, wenn es greint,
Das Volk, den großen Lümmel.

Ich kenne die Weise, ich kenne den Text,
Ich kenn auch die Herren Verfasser;
Ich weiß, sie tranken heimlich Wein
Und predigten öffentlich Wasser.

Ein neues Lied, ein besseres Lied,
O Freunde, will ich Euch dichten!
Wir wollen hier auf Erden schon
Das Himmelreich errichten.

Wir wollen auf Erden glücklich sein,
Und wollen nicht mehr darben;
Verschlemmen soll nicht der faule Bauch
Was fleißige Hände erwarben.

Es wächst hienieden Brot genug
Für alle Menschenkinder,
Auch Rosen und Myrten, Schönheit und Lust,
Und Zuckererbsen nicht minder.

Ja, Zuckererbsen für jedermann,
Sobald die Schoten platzen!
Den Himmel überlassen wir
Den Engeln und den Spatzen.

Und wachsen uns Flügel nach dem Tod,
So wollen wir Euch besuchen
Dort oben, und wir, wir essen mit Euch
Die seligsten Torten und Kuchen.

Ein neues Lied, ein besseres Lied,
Es klingt wie Flöten und Geigen!
Das Miserere ist vorbei,
Die Sterbeglocken schweigen.

Die Jungfer Europa ist verlobt
Mit dem schönen Geniusse
Der Freiheit, sie liegen einander im Arm,
Und schwelgen im ersten Kusse.

Und fehlt der Pfaffensegen dabei,
Die Ehe wird gültig nicht minder —
Es lebe Bräutigam und Braut,
Und ihre zukünftigen Kinder!

Ein Hochzeitkarmen ist mein Lied,
Das bessere, das neue!
In meiner Seele gehen auf
Die Sterne der höchsten Weihe —

Begeisterte Sterne, sie lodern wild,
Zerfließen in Flammenbächen —
Ich fühle mich wunderbar erstarkt,
Ich könnte Eichen zerbrechen!

Seit ich auf deutsche Erde trat,
Durchströmen mich Zaubersäfte —
Der Riese hat wieder die Mutter berührt,
Und es wuchsen ihm neu die Kräfte.

Heine nannte es »tragischen Humor«: das Verhängnis, das man sieht, nur noch kommentieren können. Das Deutschland des *Wintermärchens*, das Deutschland seit 1840 gibt Heine wenig Anlaß zu Jubel oder nur Optimismus. Und eigentlich keine Gelegenheit, das schöne, schlichte Vokabular des Gefühlssozialismus anders zu verwenden denn als Zitat, als ein Kinderlied für Erwachsene: die Freiheit vermählt sich mit Europa, und die Sterne der Seele gehen auf. Das Volk wird endlich einmal satt, und alles, alles wird gut: nicht einmal Blut muß dafür fließen. Caput I entwirft ein irdisches Jerusalem noch für ein Volk in Ägypten, allein die Wüste dazwischen verschweigt des Sängers Höflichkeit.

Die Souveränität, der Witz, die Eleganz, mit der Heine romantische Bilder, politisches Pathos und präzise Sticheleien verbindet, ist losgelöst von allen parteilichen Bindungen. Auch die Bekanntschaft und sogar Freundschaft mit Marx zu Beginn der Arbeit am *Wintermärchen* hat ihn zu keiner Verpflichtung gebracht, welche die Skepsis des Einzelnen gegen den Glauben an die Solidarität der Vielen hätte eintauschen wollen. Politstrategisch bleibt Heine für die Linke ganz entschieden der Prototyp des bürgerlichen Individuums: ideologisch unzuverlässig und spontaneistisch-individualistisch, für die wissenschaftliche Weltanschauung nicht zu gebrauchen und mit jenem »tragischen Humor« begabt, der von der melancholischen Ironie der Besserverdienenden kaum zu unterscheiden ist.

In Caput I wird das deutsche Volk von Heines Spott verschont, trifft aller Zynismus die Herrschenden und ihre Charaktermasken, wird soziale Gerechtigkeit als tiefer, allgemeiner Wunsch auf einen eindringlichen, doch nirgends trivialen Reim gebracht. Und dennoch schwingt auch in diesem Wiegenlied des Himmelreiches auf Erden der »tragische Humor« so mit, daß Eingeweihte erkennen sollen: Hier zeigt der Meister der politischen Lyrik den jungen Kollegen des Vormärz einmal, wie man ohne Peinlichkeit

70

ganz hohe Töne schreibt. Ob die Lektion so gelesen wurde, weiß man nicht. August Varnhagen schreibt Heine im gewohnt freundschaftlichen Ton zum *Wintermärchen*: »Ihre neuen Gedichte machen das größte Aufsehen, mit dem Schrei des Entsetzens wetteifert der Schrei der Bewunderung; alle Stimmen vereinigen sich, die volle Macht der Poesie, das hohe Walten des Genius anzuerkennen.« Die Rezensionen aber sind durchschnittlich oberflächlich, bis hin zur offenen Verachtung.

So kunstvoll sind die Verse geschrieben, daß der Autor sogar selbst mitsingen könnte: aber mehr um des schönen Tones willen. Caput I ist das Kirchenlied eines agnostischen Komponisten, der sich mit viel Meßwein in Stimmung gebracht. Nun sieht er die Gemeinde aus vollen Backen posaunen (u. a. gibt Marx das *Wintermärchen* im »Vorwärts« heraus, und insgesamt war Heine ja ein populärer politischer Autor, der mit Recht auf schnelle und breite Aufnahme hoffen konnte), und das rührt ihm das Herz – um so mehr, als er der Verfasser des Liedes ist und weiß, wie die Begeisterung grundiert ist und wie sehr ästhetisch gerechtfertigt.

Dabei fehlt es dem Autor Heine ja nicht an Empörung – und an Erbarmen.

Die Wanderratten

Es gibt zwei Sorten Ratten:
Die hungrigen und satten.
Die satten bleiben vergnügt zu Haus,
Die hungrigen aber wandern aus.

Sie wandern viel tausend Meilen,
Ganz ohne Rasten und Weilen,
Gradaus in ihrem grimmigen Lauf,
Nicht Wind noch Wetter hält sie auf.

Sie klimmen wohl über die Höhen,
Sie schwimmen wohl durch die Seen;
Gar manche ersäuft oder bricht das Genick,
Die lebenden lassen die toten zurück.

Es haben diese Käuze
Gar fürchterliche Schnäuze;
Sie tragen die Köpfe geschoren egal,
Ganz radikal, ganz rattenkahl.

Die radikale Rotte
Weiß nichts von einem Gotte.
Sie lassen nicht taufen ihre Brut,
Die Weiber sind Gemeindegut.

Der sinnliche Rattenhaufen,
Er will nur fressen und saufen,
Er denkt nicht, während er säuft und frißt,
Daß unsre Seele unsterblich ist.

So eine wilde Ratze,
Die fürchtet nicht Hölle, nicht Katze;
Sie hat kein Gut, sie hat kein Geld
Und wünscht aufs neue zu teilen die Welt.

Die Wanderratten, o wehe!
Sie sind schon in der Nähe.
Sie rücken heran, ich höre schon
Ihr Pfeifen — die Zahl ist Legion.

O wehe! wir sind verloren,
Sie sind schon vor den Toren!
Der Bürgermeister und Senat,
Sie schütteln die Köpfe, und keiner weiß Rat.

Die Bürgerschaft greift zu den Waffen,
Die Glocken läuten die Pfaffen.
Gefährdet ist das Palladium
Des sittlichen Staats, das Eigentum.

Nicht Glockengeläute, nicht Pfaffengebete,
Nicht hochwohlweise Senatsdekrete,
Auch nicht Kanonen, viel Hundertpfünder,
Sie helfen Euch heute, Ihr lieben Kinder!

Heut helfen Euch nicht die Wortgespinste
Der abgelebten Redekünste.
Man fängt nicht Ratten mit Syllogismen,
Sie springen über die feinsten Sophismen.

Im hungrigen Magen Eingang finden
Nur Suppenlogik mit Knödelgründen,
Nur Argumente von Rinderbraten,
Begleitet mit Göttinger Wurst-Zitaten.

Ein schweigender Stockfisch, in Butter gesotten
Behaget den radikalen Rotten
Viel besser als ein Mirabeau
Und alle Redner seit Cicero.

Wie in den *Schlesischen Webern* ist Heines lyrische Logik
einfach, die Einsicht elementar: Erst kommt das Fressen,
und dann kommt alles andere. Mit Hungernden ist nicht gut
Verhandeln, für Politik und Kompromisse braucht man Ge-
duld, also einen wenigstens halbvollen Magen. »Die Ele-
mente dieser Universalsprache sind so einfach, wie der
Hunger, wie der Neid, wie der Tod.« Was die Hungrigen von
den Satten trennt, ist nichts weiter als das: und alles, was
daraus folgt. Und das ist die ganze Welt. Ordnung, Kultur

und Wissenschaft, Sitte und Moral, sogar der Gottesglaube und der besänftigende Gedanke an die Unsterblichkeit: all das kann sich nur entwickeln und halten, wenn die sogenannten Grundbedürfnisse erfüllt werden. »Es wächst hienieden Brot genug / Für alle Menschenkinder, / Auch Rosen und Myrten, Schönheit und Lust, / Und Zuckererbsen nicht minder.«

Dolf Sternberger hat den Zuckererbsen und dem Brot eine eigene Untersuchung gewidmet. In der Spannweite zwischen beiden liegt die ganze helle Seite des Menschenbilds von Heine: auf der einen Seite das kulinarische Gemüse, das nicht nur vom Paradies auf Erden kündet, sondern mit dessen Erwähnung er auch freundlich voraussetzt, daß der Geschmack, die Bildungsfähigkeit, die Sublimierungslust der armen Massen dieselben sind wie die ›höherer Schichten‹. Laßt sie nur erst mit Messer und Gabel essen, schickt sie in die Schulen, lehrt sie Musik und Gedichte: Schönheit und Genußfähigkeit, angeborener Verstand und soziale Formung werden zusammenwirken und aus dem Pöbel Menschen machen. Zuckererbsen, dieser süße, zarte, luxuriöse Genuß in den allerkleinsten Portionen, wird nicht nur für alle da sein – es werden auch alle würdig und willens sein, mit feinem Geschmack daran teilzuhaben.

Dagegen Brot: »Le pain est le droit du peuple«, zitiert Heine den Revolutionär Saint-Just, und fügt hinzu: »Und das ist das größte Wort, das in der ganzen Revolution gesprochen worden.« Zwei Generationen nach den großen Verkündern von Freiheit und Bürgerrecht, von Selbstbestimmung und Gleichheit, bringt hier ein Dichter Materie und Begriff zusammen, ein Lebens-Mittel und eine abstrakte Forderung: denn was sollen alle Bürgerrechte, wenn die Bürger derweil verhungern? »Da erinnere ich mich«, heißt es in *Lutetia*, »als ich vor zwölf Jahren den alten Lafayette besuchte, drückte derselbe mir beim Fortgehen ein Papier in die Hand, und er hatte dabei ganz die überzeugte Miene eines Wunderdoktors, der uns ein Universalelixier überreicht. Es war die bekannte Erklärung der Menschenrechte, die der Alte vor sechzig Jahren aus Amerika mitgebracht und noch immer als die Panazee betrachtete, womit man die ganze Welt radikal kurieren könne. Nein, mit dem bloßen Rezept ist dem Kranken noch nicht geholfen, obgleich jenes unerläßlich ist...« Heine geht weiter, indem er, wie die Amerikaner, den Verfolg des Glücks und das Leben selbst als Grundrecht proklamiert: »Das Leben ist weder Zweck noch Mittel; das Leben ist ein Recht«, heißt es in demselben Aufsatz, in dem vom Recht auf Brot die Rede ist. Es ist der Common-sense-Politiker Heine, der sich hier ausspricht, der vernünftige Materialist, der seine Logik und seine Poesie nicht zur Verklärung der Verhältnisse gebraucht, sondern (wie auf andere Weise in seinen späten Liebesgedichten) zur Würdigung der Tatsachen: Der Mensch muß essen.

Andernfalls frißt er. Vergiß die Notwendigkeiten menschlichen Lebens, und Du wirst erleben, wie Menschen zu Tieren werden. Die sexuellen Ausschweifungen des Klosterlebens, von den französischen Aufklärern satirisch ausgeschildert, sollten dieselbe Überzeugung illustrieren. Am Selbstmißverständnis der besseren Kreise aber ist Heine nicht interessiert, auch ist die düstere Seite seiner Anthropologie ohne auftrumpfende Pointe. Die Ratten kommen ohne Brot aus, aber auch ohne Zuckererbsen; sie essen auch nicht mehr, sie fressen, wie die Schweine, was ihnen unterkommt: aus Appetit ist Hunger geworden, und aus Verlangen, Begehren und Lust die schiere Gier. Die übrigens jenen angsterregenden Schatten wirft, der Triebbefriedigung und Vernichtung vereint: was da schmatzt und schluckt, zerkaut, zerreißt und schlürft, zerbeißt und säuft, hat keine Wahl und keine Zeit mehr und ist in seiner Lust des Einverleibens, in seinem losgelassenen Vandalismus der endgültigen Destruktion näher als der endlichen Befriedigung, die in einen glückseligen, rülpsenden Seufzer mündet. Hier ist Befriedigung auch Tilgung, hier ist eben jene rohe Aggression angedeutet, die erst die Kühe schlachtet und dann den Stall anzündet. »Das Wort wird Fleisch, und das Fleisch blutet.« Von Ratten und Menschen: Heine hat hier ein Bild gewählt, das nicht nur harte und volle Reime erlaubt, sondern auch die Verachtung der niederen Stände, der Wurzellosen und Hungerleider, der Elenden und der im Dunkel Vegetierenden aufnimmt und zurückgibt. Zugleich hängt am Bild der Ratten die irrationale Angst vor dem Aufstand der Massen, die erst – wie die revoltierenden Weber – vor Hunger und Wut ›zu Tieren werden‹, um dann auch als solche erledigt werden zu müssen: die Soldaten schossen in die Menge und vollendeten so die politische Dialektik jeder Unterdrückung. »Die Bourgeosie«, so der Halbbürger Heinrich Heine, hat »doch eine instinktmäßige Angst vor dem Kommunismus, vor jenen düsteren Gesellen, die wie Ratten aus den Trümmern des jetzigen Regiments hervorstürzen würden.« Wo politische Strukturierung (Vertretung, Verhandlung, Debatte – all das, was soziale Würde ermöglicht) nicht erlaubt und möglich ist, müssen die Menschen als Masse agieren, sich »zusammenrotten«. Und schon ist die Masse soweit entmenschlicht, daß man sie nicht mehr entziffern muß als eine zeitweilige Verbindung von Individuen, die strategisch und zufällig zugleich sein kann: zuerst versetzt man die Masse in Panik und macht sie kopflos, dann muß man sie schließlich zertreten. Und man darf es ja auch: das Tückische, das Tierische, das viehisch Böse einer Horde Ratten gebietet seine Vernichtung. So töten die Herrschenden das, was sie selbst geschaffen haben.

In diesem genialen dichterischen Bild der Ratten steckt aber auch das tiefe Mißtrauen seiner tierischen Spielart, dem Menschen gegenüber, das den politischen Heine nie verließ. Er hatte in England das neue Elend der entstehenden Industriegesellschaft gesehen und mit Abscheu darüber berichtet: »Diese gesteigerte Not«, schreibt er nach seiner Englandreise 1842, »ist ein Gebreste, das die unwissenden Feldscherer durch Aderlässe zu heben glauben, aber ein solches Blutvergießen wird eine Verschlimmerung hervorbringen. Nicht von außen, durch die Lanzette, nein, nur von innen heraus, durch geistige Medikamente kann der sieche Staatskörper geheilt werden. Nur soziale Ideen könnten hier eine Rettung aus der verhängnisvollsten Not herbeiführen, aber, um mit Saint-Simon zu reden, auf allen Werften Englands gibt es keine einzige große Idee; nichts als Dampfmaschinen und Hunger. Jetzt ist freilich der Aufruhr unterdrückt, aber durch öftere Ausbrüche kann es wohl dahin kommen, daß die englischen Fabrikarbeiter, die nur Baum- und Schafwolle zu verarbeiten wissen, sich auch ein bißchen in Menschenfleisch versuchen…«. Heine hatte die hungernden Armen in Paris gesehen, er hatte Thomas Müntzer und Saint-Simon gelesen, mit Marx und Engels langjährige Beziehungen, er hatte für die »Allgemeine Zeitung« genaue, empörte und mitleidsvolle Berichte über das Proletariat geschrieben. Aber er selbst nannte die Proletarier auch Ungetüme; 1855 wird er ganz deutlich: »Ich berichtete oft und bestimmt über die Dämonen, welche in den untern Schichten der Gesellschaft lauerten, und aus ihrer Dunkelheit heraufbrechen würden, wenn der rechte Tag gekommen. Diese Ungetüme, denen die Zukunft gehört, betrachtete man damals nur durch ein Verkleinerungsglas, und da sahen sie wirklich aus wie wahnsinnige Flöhe – aber ich zeigte sie in ihrer wahren Lebensgröße, und da glichen sie vielmehr den furchtbarsten Krokodilen, welche jemals aus dem Schlamm gestiegen.«

Heine zweifelt gar nicht an einer schließlichen Umwälzung der Verhältnisse, er bringt sie selbst auf den Begriff: »Es ist die Weltrevolution, der große Zweikampf der Besitzlosen mit der Aristokratie des Besitzes.« (Nachweisbar ist es wohl kaum, aber es gibt nicht wenige Stimmen für die These, daß

Heine den Terminus »Weltrevolution« als erster verwende-
te.) Wer in Paris mit offenen Augen lebt, stellt er schon 1841
klar, »dem wird es zur festen Überzeugung, daß früh oder
spät die ganze Bürgerkomödie in Frankreich mitsamt ihren
parlamentarischen Heldenspielern und Komparsen ein aus-
gezischt schreckliches Ende nimmt und ein Nachspiel auf-
geführt wird, welches das Kommunistenregiment heißt«.
Heine erkennt die Kommunisten als die bestorganisierten
oppositionellen Intellektuellen seiner Zeit, als die schärfsten
Denker, die besten Strategen – und als zähe Kämpfer, die
rastlos tätig sind und dennoch warten können. Sie sind noch
so wenig wahrnehmbar, daß Heine in der »Allgemeinen
Zeitung« ihre Existenz erst erklären muß – und doch sind
sie keineswegs lächerlich in ihrer Entschlossenheit, wie
beispielsweise »der schale nachgeäffte Jakobinismus« der
Spätaufklärer um Ludwig Börne. »Die mehr oder minder
geheimen Führer der deutschen Kommunisten«, schreibt
Heine 1854, »sind große Logiker, von denen die stärksten aus
der Hegelschen Schule hervorgegangen sind, und sie sind
ohne Zweifel die fähigsten Köpfe, die energischsten Charak-
tere Deutschlands. Diese Doktoren der Revolution und ihre
mitleidlos entschlossenen Schüler sind die einzigen Männer
Deutschlands, denen Leben innewohnt, und sie sind es,
fürchte ich, denen die Zukunft gehört.«
Er fürchtete das sogar doppelt: nicht nur wegen der Härte,
die er an Marx persönlich wahrnahm, nicht nur wegen der
Verstocktheit der »gottlosen Selbstgötter« Feuerbach, Bauer
et. al., nicht nur wegen der Rigorosität aller Programme –
denen er zudem erkenntnistheoretisch niemals traute. Er
glaubte nicht an Programme und Theorien, weil ihm die
Systematisierung einer Einsicht immer unglaubwürdig er-
schien, als eine pedantische, sich vom Leben entfernende
Bewegung eher des Willens (oder der Angst) als des Geistes.
»Kein Mensch denkt«, läßt er eine seiner Figuren sagen, »es
fällt nur dann und wann den Menschen etwas ein, solche

ganz unverschuldete Einfälle nennen sie Gedanken, und das Aneinanderreihen derselben nennen sie Denken.« Heine war ein Kontextdenker – wie jeder Humorist, denn Pointen entstehen nur aus Anschauung, politische zumal. Die Theorie ist für den politischen Witz nur als Folie interessant – sie zeigt Risse und Löcher, oder ist zerknittert, in jedem Fall aber wird sie der Wirklichkeit kontrastiert, als ihr verzichtbarer Paravent.

Heine wünscht die kommunistische Zukunft nicht herbei, weil ihm die Herrschaft des Volkes, wenn es sie denn gäbe, mehr Angst als Zuversicht einflößt: Er habe »große Furcht vor dem Gräul einer Proletarierherrschaft«, schreibt er an den Cotta-Redakteur Kolb, in ihrem »blödsinnigen Gleichheitstaumel« werden die Proletarier »alles, was schön und erhaben auf dieser Erde ist, zerstören, und namentlich gegen Kunst und Wissenschaft ihre bilderstürmende Wut auslassen«. In dieser prophetischen Vorstellung war er nicht nur als Person bedroht, als Liebhaber der Künste und der Wissenschaft, sondern auch als ihr Produzent. Wenn ein »freier Hirt mit einem eisernen Hirtenstabe eine gleichgeschorene, gleichblökende Menschenherde« überwachen und führen werde, dann würde er doppelt Haare lassen müssen.

Die Phantasie seiner Schrecken war von unheimlicher Präzision; so klingt *Kobes I.* heute wie ein Bericht von der chinesischen Kulturrevolution, als Karneval aufgeführt in Frankfurt am Main.

Kobes I.

Im Jahre achtundvierzig hielt,
Zur Zeit der großen Erhitzung,
Das Parlament des deutschen Volks
Zu Frankfurt seine Sitzung.

Damals ließ auch auf dem Römer dort
Sich sehen die weiße Dame,
Das unheilkündende Gespenst;
Die Schaffnerin ist sein Name.

Man sagt, sie lasse sich jedesmal
Des Nachts auf dem Römer sehen,
So oft einen großen Narrenstreich
Die lieben Deutschen begehen.

Dort sah ich sie selbst um jene Zeit
Durchwandeln die nächtliche Stille
Der öden Gemächer, wo aufgehäuft
Des Mittelalters Gerülle.

Die Lampe und ein Schlüsselbund
Hielt sie in den bleichen Händen;
Sie schloß die großen Truhen auf
Und die Schränke an den Wänden.

Da liegen die Kaiser-Insignia,
Da liegt die goldne Bulle,
Der Szepter, die Krone, der Apfel des Reichs
Und manche ähnliche Schrulle.

Da liegt das alte Kaiser-Ornat,
Verblichen purpurner Plunder,
Die Garderobe des deutschen Reichs,
Verrostet, vermodert jetzunder.

Die Schaffnerin schüttelt wehmütig das Haupt
Bei diesem Anblick, doch plötzlich
Mit Widerwillen ruft sie aus:
Das alles stinkt entsetzlich!

Das alles stinkt nach Mäusedreck,
Das ist verfault und verschimmelt,
Und in dem stolzen Lumpenkram
Das Ungeziefer wimmelt.

Wahrhaftig, auf diesem Hermelin,
Dem Krönungsmantel, dem alten,
Haben die Katzen des Römerquartiers
Ihr Wochenbett gehalten.

Da hilft kein Ausklopfen! Daß Gott sich erbarm
Des künftigen Kaisers! Mit Flöhen
Wird ihn der Krönungsmantel gewiß
Auf Lebenszeit versehen.

Und wisset, wenn es den Kaiser juckt,
So müssen die Völker sich kratzen –
O Deutsche! Ich fürchte, die fürstlichen Flöh,
Die kosten Euch manchen Batzen.

Jedoch wozu noch Kaiser und Flöh?
Verrostet ist und vermodert
Das alte Kostüm – Die neue Zeit
Auch neue Röcke fordert.

Mit Recht sprach auch der deutsche Poet
Zum Rotbart im Kyffhäuser:
»Betracht ich die Sache ganz genau,
So brauchen wir gar keinen Kaiser!«

Doch wollt Ihr durchaus ein Kaisertum,
Wollt Ihr einen Kaiser küren,
Ihr lieben Deutschen! laßt Euch nicht
Von Geist und Ruhm verführen.

Erwählet kein Patrizierkind,
Erwählet einen vom Plebse,
Erwählt nicht den Fuchs und nicht den Leu,
Erwählt den dümmsten der Schöpse.

Erwählt den Sohn Colonias,
Den dummen Kobes von Cöllen;
Der ist in der Dummheit fast ein Genie,
Er wird sein Volk nicht prellen.

Ein Klotz ist immer der beste Monarch,
Das zeigt Äsop in der Fabel;
Er frißt uns armen Frösche nicht,
Wie der Storch mit dem langen Schnabel.

Seid sicher, der Kobes wird kein Tyrann,
Kein Nero, kein Holofernes;
Er hat kein grausam antikes Herz,
Er hat ein weiches, modernes.

Der Krämerstolz verschmähte dies Herz,
Doch an die Brust des Heloten
Der Werkstatt warf der Gekränkte sich
Und ward die Blume der Knoten.

Die Brüder der Handwerksburschenschaft
Erwählten zum Sprecher den Kobes;
Er teilte mit ihnen ihr letztes Stück Brot,
Sie waren voll seines Lobes.

Sie rühmten, daß er nie studiert
Auf Universitäten,
Und Bücher schrieb aus sich selbst heraus,
Ganz ohne Fakultäten.

Ja, seine ganze Ignoranz
Hat er sich selbst erworben;
Nicht fremde Bildung und Wissenschaft
Hat je sein Gemüt verdorben.

Gleichfalls sein Geist, sein Denken blieb
Ganz frei vom Einfluß abstrakter
Philosophie – Er blieb Er selbst!
Der Kobes ist ein Charakter.

In seinem schönen Auge glänzt
Die Träne, die stereotype;
Und eine dicke Dummheit liegt
Beständig auf seiner Lippe.

Er schwätzt und flennt und flennt und schwätzt,
Worte mit langen Ohren!
Eine schwangere Frau, die ihn reden gehört,
Hat einen Esel geboren.

Mit Bücherschreiben und Stricken vertreibt
Er seine müßigen Stunden;
Es haben die Strümpfe, die er gestrickt,
Sehr großen Beifall gefunden.

Apoll und die Musen muntern ihn auf,
Sich ganz zu widmen dem Stricken –
Sie erschrecken, so oft sie in seiner Hand
Einen Gänsekiel erblicken.

Das Stricken mahnt an die alte Zeit
Der Funken. Auf ihren Wachtposten
Standen sie strickend – die Helden von Köln
Sie ließen die Eisen nicht rosten.

Wird Kobes Kaiser, so ruft er gewiß
Die Funken wieder ins Leben.
Die tapfere Schar wird seinen Thron
Als Kaisergarde umgeben.

Wohl möcht ihn gelüsten, an ihrer Spitz
In Frankreich einzudringen,
Elsaß, Burgund und Lothringerland
An Deutschland zurückzubringen.

Doch fürchtet nichts, er bleibt zu Haus;
Hier fesselt ihn friedliche Sendung,
Die Ausführung einer hohen Idee,
Des Kölner Doms Vollendung.

Ist aber der Dom zu Ende gebaut,
Dann wird sich der Kobes erbosen
Und mit dem Schwerte in der Hand
Zur Rechenschaft ziehn die Franzosen.

Er nimmt ihnen Elsaß und Lothringen ab,
Das sie dem Reiche entwendet,
Er zieht auch siegreich nach Burgund –
Sobald der Dom vollendet.

Ihr Deutsche! bleibt Ihr bei Eurem Sinn,
Wollt Ihr durchaus einen Kaiser,
So sei es ein Karnevalskaiser von Köln,
und Kobes der Erste heiß er!

Die Gecken des Kölner Faschingvereins,
Mit klingelnden Schellenkappen,
Die sollen seine Minister sein;
Er trage den Strickstrumpf im Wappen.

Der Drickes sei Kanzler, und nenne sich
Graf Drickes von Drickeshausen;
Die Staatsmätresse Marizebill,
Die soll den Kaiser lausen.

In seiner guten, heilgen Stadt Köln
Wird Kobes residieren —
Und hören die Kölner die frohe Mär,
Sie werden illuminieren.

Die Glocken, die eisernen Hunde der Luft,
Erheben ein Freudengebelle,
Und die heilgen drei Könge aus Morgenland
Erwachen in ihrer Kapelle.

Sie treten hervor mit dem Klappergebein,
Sie tänzeln vor Wonne und springen.
Halleluja und Kyrie
Eleison hör ich sie singen. — —

So sprach das weiße Nachtgespenst,
Und lachte aus voller Kehle;
Das Echo scholl so schauerlich
Durch alle die hallenden Säle.

Heine fand viele Gründe, zu den Kommunisten Distanz zu
halten. Darunter waren theoretische, persönliche und eben-
so intuitive; der stärkste vielleicht war sein Mißtrauen in die
Güte, die Weisheit, das ästhetische Empfinden des Volkes.
Heine war jüdischer Herkunft, und das heißt in diesem Zu-
sammenhang zweierlei: Nicht nur in seiner Familie, sondern
auch in deren Umgang war die Oberschicht keineswegs un-
ter sich. Wie in jeder christlichen Gemeinde in der Diaspora
halten die Mitglieder einer solchen Gemeinschaft Kontakt

unabhängig von ihrer übrigen (sozialen, finanziellen) Stellung in der Gesellschaft – Alte mit Jungen, Reiche mit Armen, Wohlhabende mit Bedürftigen, Gebildete mit Handarbeitern, Prominente mit nahezu Unsichtbaren. Das verhindert vielleicht nicht völlig die Illusionsbildung über die jeweils anderen Schichten, aber es erschwert sie doch. Heine war kein Verächter der Recht- und Mittellosen, und seine allgemeine Menschenliebe war keine Attitüde – aber zu einer Idealisierung der Armen und Ungebildeten, eben weil sie dies waren, mochte es doch nicht reichen. »Es ist vielleicht metaphorisch gemeint«, heißt es im Börne-Buch, »wenn Börne behauptet: im Fall ihm ein König die Hand gedrückt, würde er sie nachher ins Feuer halten, um sie zu reinigen; es ist aber durchaus nicht bildlich, sondern ganz buchstäblich gemeint, daß ich, wenn mir das Volk die Hand gedrückt, sie nachher waschen werde. Man muß in wirklichen Revolutionszeiten das Volk mit eignen Augen gesehen, mit eigner Nase gerochen haben, man muß mit eignen Ohren anhören, wie dieser souveräne Rattenkönig sich ausspricht, um zu begreifen, was Mirabeau andeuten will mit den Worten: ›Man macht keine Revolution mit Lavendelöl.‹«

Auch der zweite Grund für Heines intuitives Mißtrauen ergibt sich aus seiner jüdischen Herkunft: Wenn auch in seiner unmittelbaren Umgebung der Antisemitismus über persönliche Kränkungen, systematische Benachteiligung, berechenbare Karrierehemmnisse nicht hinaus ging, wenn auch seine Familie von den Vorfahren her zur privilegierten Gruppe der finanzstarken »Hofjuden« gehörte, wenn er sich auch taufen ließ (was er freilich schon kurz darauf bedauerte) und seine angeborene Religion niemals praktizierte – kein jüdisches Kind wird erzogen, ohne daß es wüßte, was das Wort »Pogrom« bedeutet, keine noch so behütete Jugend schützt vor der Angst vor dem Volk, das Pöbel werden kann. »Die Zukunft«, lautet ein düsterer Satz von Heine zum Sieg des Kommunismus, »riecht nach Juchten, nach Blut, nach Gottlosigkeit und nach sehr vielen Prügeln.«

Doch vor den Sieg des Kommunismus hat die Partei die Revolution gesetzt. Und damit sieht es erstmal gar nicht gut aus.

Deutschland / Ein Fragment

Sohn der Torheit! träume immer,
Wenn dirs Herz im Busen schwillt;
Doch im Leben suche nimmer
Deines Traumes Ebenbild!

Einst stand ich in schönern Tagen
Auf dem höchsten Berg am Rhein;
Deutschlands Gauen vor mir lagen,
Blühend hell im Sonnenschein.

Unten murmelten die Wogen
Wilde Zaubermelodein;
Süße Ahndungschauer zogen
Schmeichelnd in mein Herz hinein.

Lausch ich jetzt im Sang der Wogen,
Klingt viel andre Melodei:
Schöner Traum ist längst verflogen,
Schöner Wahn brach längst entzwei.

Schau ich jetzt von meinem Berge
In das deutsche Land hinab:
Seh ich nur ein Völklein Zwerge,
Kriechend auf der Riesen Grab.

Such ich jetzt den goldnen Frieden,
Den das deutsche Blut ersiegt,
Seh ich nur die Kette schmieden,
Die den deutschen Nacken biegt.

Narren hör ich jene schelten,
Die dem Feind in wilder Schlacht
Kühn die Brust entgegenstellten,
Opfernd selbst sich dargebracht.

O der Schande! jene darben,
Die das Vaterland befreit;
Ihrer Wunden heilge Narben
Deckt ein grobes Bettlerkleid!

Muttersöhnchen gehn in Seide,
Nennen sich des Volkes Kern,
Schurken tragen Ehrgeschmeide,
Söldner brüsten sich als Herrn.

Nur ein Spottbild auf die Ahnen
Ist das Volk im deutschen Kleid;
Und die alten Röcke mahnen
Schmerzlich an die alte Zeit:

Wo die Sitte und die Tugend
Prunklos gingen Hand in Hand;
Wo mit Ehrfurchtscheu die Jugend
Vor dem Greisenalter stand;

Wo kein Jüngling seinem Mädchen
Modeseufzer vorgelügt;
Wo kein witziges Despötchen
Meineid in System gefügt;

Wo ein Handschlag mehr als Eide
Und Notarienakte war;
Wo ein Mann im Eisenkleide,
Und ein Herz im Manne war. —

Unsre Gartenbeete hegen
Tausend Blumen wunderfein,
Schwelgend in des Bodens Segen,
Lind umspielt von Sonnenschein.

Doch die allerschönste Blume
Blüht in unsern Gärten nie,
Sie, die einst im Altertume
Selbst auf felsger Höh gedieh;

Die auf kalter Bergesfeste
Männer mit der Eisenhand
Pflegten als der Blumen beste —
Gastlichkeit wird sie genannt.

Müder Wandrer, steige nimmer
Nach der hohen Burg hinan,
Statt der gastlich warmen Zimmer,
Kalte Wände dich empfahn.

Von dem Wartturm bläst kein Wächter,
Keine Fallbrück rollt herab;
Denn der Burgherr und der Wächter
Schlummern längst im kühlen Grab.

In den dunkeln Särgen ruhen
Auch die Frauen minnehold;
Wahrlich hegen solche Truhen
Reichern Schatz denn Perl und Gold.

Heimlich schauern da die Lüfte
Wie von Minnesängerhauch;
Denn in diese heilgen Grüfte
Stieg die fromme Minne auch.

Zwar auch unsre Damen preis ich,
Denn sie blühen wie der Mai;
Lieben auch und üben fleißig
Tanzen, Sticken, Malerei;

Singen auch in süßen Reimen
Von der alten Lieb und Treu;
Freilich zweiflend im geheimen:
Ob das Märchen möglich sei?

Unsre Mütter einst erkannten,
Sinnig, wie die Einfalt pflegt,
Daß den schönsten der Demanten
Nur der Mensch im Busen trägt.

Ganz nicht aus der Art geschlagen
Sind die klugen Töchterlein,
Denn die Fraun in unsern Tagen
Lieben auch die Edelstein.

Fort, ihr Bilder schönrer Tage!
Weicht zurück in eure Nacht!
Weckt nicht mehr die eitle Klage
Um die Zeit, die uns versagt!

Schon 1819 schrieb Heine diese Zeilen, die – mit modifizier-
ten Bedeutungen – jedes Jahrzehnt aufs neue wahr wurden,
und neu gedichtet: »Schöner Traum ist längst verflogen, /
Schöner Wahn brach längst entzwei.« Keine Erhebung weit

und breit − und wenn dann mal eine stattfand in Deutsch-
land, so würde es ausgehen wie beim Generalstreik in
Mössingen, 1933; der Film darüber heißt: »Da ist nirgends
nichts gewesen außer hier.«

»Nur damals und während den Tagen des Hambacher
Festes« (dem ersten Nationaltreffen der deutschen Demo-
kraten), heißt es im Börne-Buch, »hätte mit einiger Aussicht
guten Erfolges die allgemeine Umwälzung in Deutschland
versucht werden können. Jene Hambacher Tage waren der
letzte Termin den die Göttin der Freiheit uns gewährte; die
Sterne waren günstig; seitdem erlosch jede Möglichkeit des
Gelingens. Dort waren sehr viele Männer der Tat versam-
melt die selber von ernstem Willem glühten und auf die
sicherste Hülfe rechnen konnten. Jeder sah ein, es sei der
rechte Moment zu dem großen Wagnis, und die meisten
setzten gerne Glück und Leben aufs Spiel... Wahrlich, es
war nicht die Furcht, welche damals nur das Wort entzügelte
und die Tat zurückdämmte. − Was war es aber, was die
Männer von Hambach abhielt die Revolution zu beginnen?«
Heine berichtet diese deutsche Pleite nicht ohne Genuß; mit
jenem »tragischen Humor«, der sich am Mißlingen lange
genug geschult hatte: seit er begann, politisch zu denken und
zu kommentieren, hatte ihn das treudumme deutsche Volk
darin nicht enttäuscht, daß es den Augenblick verpatzen und
weiter phantasieren würde: »Ich habe mich mit dem Kaiser
gezankt / Im Traum, im Traum versteht sich, − / Im wa-
chenden Zustand sprechen wir nicht / Mit Fürsten so
widersetzig. // Nur träumend, im idealen Traum, / Wagt
ihnen der Deutsche zu sagen / Die deutsche Meinung, die er
so tief / Im treuen Herzen getragen.« (Caput XVII)
»Ich wage es kaum zu sagen,« fährt Heine fort, »denn es
klingt unglaublich, aber ich habe die Geschichte aus authen-
tischer Quelle, nämlich von einem Mann, der als wahrheits-
liebender Republikaner bekannt und selber zu Hambach in
dem Komitee saß, wo man über die anzufangende Revolu-

tion debattierte; er gestand mir nämlich im Vertrauen: als die Frage der Kompetenz zur Sprache gekommen, als man darüber stritt, ob die zu Hambach anwesenden Patrioten auch wirklich kompetent seien im Namen von ganz Deutschland eine Revolution anzufangen? da seien diejenigen, welche zur raschen Tat rieten, durch die Mehrheit überstimmt worden, und die Entscheidung lautete: ›man sei nicht kompetent‹. – O Schilda, mein Vaterland!«

Und wenig später heißt es: »Ich möchte diese Geschichte jedenfalls in Verse bringen und in Musik setzen lassen, damit sie großen Königskindern als Wiegenlied vorgesungen werde... Ihr könnt ruhig schlafen, und zur Belohnung für das furchtheilende Lied, das ich Euch gesungen, Ihr großen Königskinder, ich bitte Euch, öffnet die Kerkertüren der gefangenen Patrioten... Ihr habt nichts zu riskieren, die deutsche Revolution ist noch weit von Euch entfernt, gut Ding will Weile und die Frage der Kompetenz ist noch nicht entschieden...«

Erst muß noch einmal in Ruhe darüber geredet werden. Und erst, wenn alle ihr Wörtlein gesagt, kann eine Abstimmung erfolgen. Von hier und heute aus betrachtet, liest sich die Hambacher Kommentierung wie eine vorweggenommene Satire auf die Frankfurter Diskurstheorie, die Institutionalisierungen des guten Willens und der Letztbegründung. Wer redet, schießt nicht. Aber tut auch nichts anderes.

Aus der Hambacher Pleite ist wohl *Zur Beruhigung* (S. 63) entstanden. Aber auch die *Verheißung* paßt dazu:

Nicht mehr barfuß sollst du traben,
Deutsche Freiheit, durch die Sümpfe,
Endlich kommst du auf die Strümpfe,
Und auch Stiefeln sollst du haben!

Auf dem Haupte sollst du tragen
Eine warme Pudelmütze,
Daß sie dir die Ohren schütze
In den kalten Wintertagen.

Du bekommst sogar zu essen —
Eine große Zukunft naht dir! —
Laß dich nur vom welschen Satyr
Nicht verlocken zu Exzessen!

Werde nur nicht dreist und dreister!
Setz nicht den Respekt beiseiten
Vor den hohen Obrigkeiten
Und dem Herren Bürgermeister!

Heine, dem Spötter in Paris, hat auch dieser Kommentar zur
deutschen Nichtgeschichte (etliche Jahre vor Marx' Bonmot
von der Bahnsteigkarte) nur neue Feindschaften einge-
bracht. In seiner kritischen Heine-Ausgabe kommentiert
Klaus Briegleb das Gedicht von 1842: »Die Umkehrung von
›deutscher Freiheit‹ bekam Heine oft als Kritik an seinem
frivolen französischen Liberalismus zu hören. Allgemein
war die stehende Wendung: deutsche gegen welsche Frei-
heit; in Marggraffs Vorwort zu seiner Anthologie »Politische
Gedichte« 1843 z. B. heißt es abgrenzend: gallische Freiheit,
fremde Freiheit usw. — V. 11 *vom welschen Satyr.* könnte allgemein
mit französischer Sinnlichkeit, sensualistischer Doktrin u. ä.
übersetzt werden. In dieser allgemeinen Bedeutung steckt aber
auch die spezielle Anspielung auf Heine, den übelbeleumdeten
Vertreter sinnlich-frivoler undeutscher Kritik; als sich nach dem
Börnebuch die patriotischen Liberalen, ihr Börnebild schüt-
zend, zur Partei versammelten, hatte der Heinehaß seinen
Höhepunkt erreicht, und von dieser Seite erreichte Heine eine
Flut empörter Ausbürgerungs-Pamphlete. Im Gewand des

Beckerschen Rheinliedes las Heine im ›Telegraph für Deutschland‹, der 1840/41 als Sprachrohr der Börne-Partei gegen Heine diente, z. B. die Verse: ›Sie sollen ihn nicht haben, / Den freien deutschen Rhein; / Doch einen könnt ihr haben, / Das soll der Heine sein!‹«

Aber als Internationalist machte Heine ebenfalls keine politisch korrekte Figur: Auch jenseits des basalen Mißtrauens gegen das Volk, das Pöbel wird, hatte der aufmerksame Kommentator in- und ausländischer Politik kein Land der Freiheit und Gerechtigkeit ermittelt. Seine Unverführbarkeit kann einen galligen Ton annehmen, der zum Stammtisch ausgezeichnet paßt. Daß er daran nicht Platz nimmt, ist der Ironie zu schulden, in die er seine Urteile und Stimmungen kleidet.

Jetzt wohin?

Jetzt wohin? Der dumme Fuß
Will mich gern nach Deutschland tragen;
Doch es schüttelt klug das Haupt
Mein Verstand und scheint zu sagen:

Zwar beendigt ist der Krieg,
Doch die Kriegsgerichte blieben,
Und es heißt, du habest einst
Viel Erschießliches geschrieben.

Das ist wahr, unangenehm
Wär mir das Erschossenwerden;
Bin kein Held, es fehlen mir
Die pathetischen Gebärden.

Gern würd ich nach England gehn,
Wären dort nicht Kohlendämpfe

Und Engländer – schon ihr Duft
Gibt Erbrechen mir und Krämpfe.

Manchmal kommt mir in den Sinn
Nach Amerika zu segeln,
Nach dem großen Freiheitstall,
Der bewohnt von Gleichheitsflegeln –

Doch es ängstet mich ein Land,
Wo die Menschen Tabak käuen,
Wo sie ohne König kegeln,
Wo sie ohne Spucknapf speien.

Rußland, dieses schöne Reich,
Würde mir vielleicht behagen,
Doch im Winter könnte ich
Dort die Knute nicht ertragen.

Traurig schau ich in die Höh,
Wo viel tausend Sterne nicken –
Aber meinen eignen Stern
Kann ich nirgends dort erblicken.

Hat im güldnen Labyrinth
Sich vielleicht verirrt am Himmel,
Wie ich selber mich verirrt
In dem irdischen Getümmel. –

Es ist der ganz nüchterne Blick auf die tatsächlichen Ver-
hältnisse, der Heine, der sich nicht einmal betrinken konnte,
unversöhnlich macht: Im Zweifel auf der Seite des nackten
Individuums, das essen, schlafen, lieben will, ist er kein
brauchbarer Genosse für alle, die für die ganze große Zu-
kunft ein kleines Stück Gegenwart opfern wollen. Der

klassenlose und ausgebürgerte, der vereins- und heimatlose
Heinrich Heine hat die Wünsche mit der Wirklichkeit, die
Worte mit Tatsächlichkeit verrechnet und ein rohes Resultat
gewonnen: *Weltlauf.*

> Hat man viel, so wird man bald
> Noch viel mehr dazu bekommen.
> Wer nur wenig hat, dem wird
> Auch das wenige genommen.
>
> Wenn du aber gar nichts hast,
> Ach, so lasse dich begraben –
> Denn ein Recht zum Leben, Lump,
> Haben nur die etwas haben.

Diese zu Stein gewordene Verzweiflung, die keiner Analyse
mehr zugänglich ist, die jede Hoffnung unter sich begraben
hat und Veränderung nur noch als Zerstörung denken kann,
hat Heine in seinem berühmtesten politischen Gedicht aus-
gedrückt. Es war ein fliegendes Blatt in Preußen im Oktober
1844, keine drei Monate nach dem Aufstand der Weber im
schlesischen Riesengebirge; es ging von Ort zu Ort, ganze
Pakete mit dem Flugblattdruck wurden in den Schenken
verteilt, die Verse öffentlich verlesen: »eine in aufrühreri-
schen Ton gehaltene und mit verbrecherischen Äußerungen
angefüllte Ansprache an die Armen im Volke«, so Innenmi-
nister Armin. Herrgott, König und Vaterland: wenn alles
zusammenwirkt, das Recht des Volkes zuschanden zu ma-
chen, bleibt nur sein Recht auf Brot. Und wenn selbst das
gebrochen wird, wenn die Kinder das Fleisch verendeter
Pferde essen, dann bleibt der Fluch.

Die schlesischen Weber

Im düstern Auge keine Träne,
Sie sitzen am Webstuhl und fletschen die Zähne:
Deutschland, wir weben dein Leichentuch,
Wir weben hinein den dreifachen Fluch –
    Wir weben, wir weben!

Ein Fluch dem Gotte, zu dem wir gebeten
In Winterskälte und Hungersnöten;
Wir haben vergebens gehofft und geharrt,
Er hat uns geäfft und gefoppt und genarrt –
    Wir weben, wir weben!

Ein Fluch dem König, dem König der Reichen,
Den unser Elend nicht konnte erweichen,
Der den letzten Groschen von uns erpreßt
Und uns wie Hunde erschießen läßt –
    Wir weben, wir weben!

Ein Fluch dem falschen Vaterlande,
Wo nur gedeihen Schmach und Schande,
Wo jede Blume früh geknickt,
Wo Fäulnis und Moder den Wurm erquickt –
    Wir weben, wir weben!

Das Schiffchen fliegt, der Webstuhl kracht,
Wir weben emsig Tag und Nacht –
Altdeutschland, wir weben dein Leichentuch,
Wir weben hinein den dreifachen Fluch,
    Wir weben, wir weben!

DER BALLADENSÄNGER

Don Ramiro

»Donna Clara! Donna Clara!
Heißgeliebte langer Jahre!
Hast beschlossen mein Verderben,
Und beschlossen ohn Erbarmen.

Donna Clara! Donna Clara!
Ist doch süß die Lebensgabe!
Aber unten ist es grausig,
In dem dunkeln, kalten Grabe.

Donna Clara! Freu dich, morgen
Wird Fernando, am Altare,
Dich als Ehgemal begrüßen —
Wirst du mich zur Hochzeit laden?«

»Don Ramiro! Don Ramiro!
Deine Worte treffen bitter,
Bittrer als der Spruch der Sterne,
Die da spotten meines Willens.

Don Ramiro! Don Ramiro!
Rüttle ab den dumpfen Trübsinn;
Mädchen gibt es viel auf Erden,
Aber uns hat Gott geschieden.

Don Ramiro, der du mutig
So viel Mohren überwunden,
Überwinde nun dich selber —
Komm auf meine Hochzeit morgen.«

»Donna Clara! Donna Clara!
Ja, ich schwör es, ja, ich komme!
Will mit dir den Reihen tanzen; —
Gute Nacht, ich komme morgen.«

»Gute Nacht!« — Das Fenster klirrte.
Seufzend stand Ramiro unten,
Stand noch lange wie versteinert;
Endlich schwand er fort im Dunkeln. —

Endlich auch, nach langem Ringen,
Muß die Nacht dem Tage weichen;
Wie ein bunter Blumengarten
Liegt Toledo ausgebreitet.

Prachtgebäude und Paläste
Schimmern hell im Glanz der Sonne;
Und der Kirchen hohe Kuppeln
Leuchten stattlich wie vergoldet.

Summend, wie ein Schwarm von Bienen,
Klingt der Glocken Festgeläute,
Lieblich steigen Betgesänge
Aus den frommen Gotteshäusern.

Aber dorten, siehe! siehe!
Dorten aus der Marktkapelle,
Im Gewimmel und Gewoge,
Strömt des Volkes bunte Menge.

Blanke Ritter, schmucke Frauen,
Hofgesinde, festlich blinkend,
Und die hellen Glocken läuten,
Und die Orgel rauscht dazwischen.

Doch, mit Ehrfurcht ausgewichen,
In des Volkes Mitte wandelt
Das geschmückte junge Ehpaar,
Donna Clara, Don Fernando.

Bis an Bräutigams Palasttor
Wälzet sich das Volksgewühle;
Dort beginnt die Hochzeitfeier,
Prunkhaft und nach alter Sitte.

Ritterspiel und frohe Tafel
Wechseln unter lautem Jubel;
Rauschend schnell entfliehn die Stunden,
Bis die Nacht herabgesunken.

Und zum Tanze sich versammeln
In dem Saal die Hochzeitgäste;
In dem Glanz der Lichter funkeln
Ihre bunten Prachtgewänder.

Auf erhobne Stühle ließen
Braut und Bräutigam sich nieder,
Donna Clara, Don Fernando,
Und sie tauschen süße Reden.

Und im Saale wogen heiter
Die geschmückten Menschenwellen,
Und die lauten Pauken wirbeln,
Und es schmettern die Trommeten.

»Doch warum, o schöne Herrin,
Sind gerichtet deine Blicke
Dorthin nach der Saalesecke?«
So verwundert sprach der Ritter.

»Siehst du denn nicht, Don Fernando,
Dort den Mann im schwarzen Mantel?«
Und der Ritter lächelt freundlich:
»Ach! das ist ja nur ein Schatten.«

Doch es nähert sich der Schatten,
Und es war ein Mann im Mantel;
Und Ramiro schnell erkennend,
Grüßt ihn Clara, glutbefangen.

Und der Tanz hat schon begonnen,
Munter drehen sich die Tänzer
In des Walzers wilden Kreisen,
Und der Boden dröhnt und bebet.

»Wahrlich gerne, Don Ramiro,
Will ich dir zum Tanze folgen,
Doch im nächtlich schwarzen Mantel
Hättest du nicht kommen sollen.«

Mit durchbohrend stieren Augen
Schaut Ramiro auf die Holde,
Sie umschlingend spricht er düster:
»Sprachest ja, ich sollte kommen!«

Und ins wirre Tanzgetümmel
Drängen sich die beiden Tänzer;
Und die lauten Pauken wirbeln,
Und es schmettern die Trommeten.

»Sind ja schneeweiß deine Wangen!«
Flüstert Clara, heimlich zitternd.
»Sprachest ja, ich sollte kommen!«
Schallet dumpf Ramiros Stimme.

Und im Saal die Kerzen blinzeln
Durch das flutende Gedränge;
Und die lauten Pauken wirbeln,
Und es schmettern die Trommeten.

»Sind ja eiskalt deine Hände!«
Flüstert Clara, schauerzuckend.
»Sprachest ja, ich sollte kommen!«
Und sie treiben fort im Strudel.

»Laß mich, laß mich! Don Ramiro!
Leichenduft ist ja dein Odem!«
Wiederum die dunklen Worte:
»Sprachest ja, ich sollte kommen!«

Und der Boden raucht und glühet,
Lustig tönet Geig und Bratsche;
Wie ein tolles Zauberweben,
Schwindelt alles in dem Saale.

»Laß mich, laß mich! Don Ramiro!«
Wimmerts immer im Gewoge.
Don Ramiro stets erwidert:
»Sprachest ja, ich sollte kommen!«

»Nun, so geh in Gottes Namen!«
Clara riefs mit fester Stimme;
Und dies Wort war kaum gesprochen,
Und verschwunden war Ramiro.

Clara starret, Tod im Antlitz,
Kaltumflirret, nachtumwoben;
Ohnmacht hat das lichte Bildnis
In ihr dunkles Reich gezogen.

Endlich weicht der Nebelschlummer,
Endlich schlägt sie auf die Wimper;
Aber Staunen will aufs neue
Ihre holden Augen schließen.

Denn derweil der Tanz begonnen,
War sie nicht vom Sitz gewichen,
Und sie sitzt noch bei dem Bräutgam,
Und der Ritter sorgsam bittet:

»Sprich, was bleichet deine Wangen?
Warum wird dein Aug so dunkel? —«
»Und Ramiro? — — —« stottert Clara,
Und Entsetzen lähmt die Zunge.

Doch mit tiefen, ernsten Falten
Furcht sich jetzt des Bräutgams Stirne:
»Herrin, forsch nicht blutge Kunde —
Heute Mittag starb Ramiro.«

Erholung in der Ballade: Diese Kunstform, die ihre beste
Zeit nun schon lange hinter sich hat, war zu Heines Zeiten
noch in Mode. Wie das Sonnet durch seine formalen An-
sprüche, war die Ballade eine andere Möglichkeit, die eigene
Technik zu schulen und, durch populäre Stoffe, Publikums-
interesse zu gewinnen. Die schauerliche Erzählung, das
unerhörte Ereignis, die blutige Legende gaben dem jungen
Dichter Gelegenheit, sein Können zu beweisen — in diesem
vierzeiligen Rhythmus, der durch seine Stärke und Dyna-

mik Reime geradezu suggeriert – und seine Seele zu scho-
nen: in der poetischen Verkleidung des toten, rächenden
Liebhabers konnte er noch einmal seine Herzensrolle spie-
len und zugleich den Paravent des überlieferten Motivs neu
bespannen.

Donna Clara

In dem abendlichen Garten
Wandelt des Alkaden Tochter;
Pauken- und Trommetenjubel
Klingt herunter von dem Schlosse.

»Lästig werden mir die Tänze
Und die süßen Schmeichelworte,
Und die Ritter, die so zierlich
Mich vergleichen mit der Sonne.

Überlästig wird mir alles,
Seit ich sah, beim Strahl des Mondes,
Jenen Ritter, dessen Laute
Nächtens mich ans Fenster lockte.

Wie er stand so schlank und mutig,
Und die Augen leuchtend schossen
Aus dem edelblassen Antlitz,
Glich er wahrlich Sankt Georgen.«

Also dachte Donna Clara,
Und sie schaute auf den Boden;
Wie sie aufblickt, steht der schöne,
Unbekannte Ritter vor ihr.

Händedrückend, liebeflüsternd
Wandeln sie umher im Mondschein,
Und der Zephir schmeichelt freundlich,
Märchenartig grüßen Rosen.

Märchenartig grüßen Rosen,
Und sie glühn wie Liebesboten. —
Aber sage mir, Geliebte,
Warum du so plötzlich rot wirst?

»Mücken stachen mich, Geliebter,
Und die Mücken sind, im Sommer,
Mir so tief verhaßt, als wärens
Langenasge Judenrotten.«

Laß die Mücken und die Juden,
Spricht der Ritter, freundlich kosend.
Von den Mandelbäumen fallen
Tausend weiße Blütenflocken.

Tausend weiße Blütenflocken
Haben ihren Duft ergossen. —
Aber sage mir, Geliebte,
Ist dein Herz mir ganz gewogen?

»Ja, ich liebe dich, Geliebter,
Bei dem Heiland seis geschworen,
Den die gottverfluchten Juden
Boshaft tückisch einst ermordet.«

Laß den Heiland und die Juden,
Spricht der Ritter, freundlich kosend.
In der Ferne schwanken traumhaft
Weiße Liljen, lichtumflossen.

Weiße Liljen, lichtumflossen,
Blicken nach den Sternen droben. –
Aber sage mir, Geliebte,
Hast du auch nicht falsch geschworen?

»Falsch ist nicht in mir, Geliebter,
Wie in meiner Brust kein Tropfen
Blut ist von dem Blut der Mohren
Und des schmutzgen Judenvolkes.«

Laß die Mohren und die Juden,
Spricht der Ritter, freundlich kosend;
Und nach einer Myrtenlaube
Führt er die Alkadentochter.

Mit den weichen Liebesnetzen
Hat er heimlich sie umflochten;
Kurze Worte, lange Küsse,
Und die Herzen überflossen.

Wie ein schmelzend süßes Brautlied
Singt die Nachtigall, die holde;
Wie zum Fackeltanze hüpfen
Feuerwürmchen auf dem Boden.

In der Laube wird es stiller,
Und man hört nur, wie verstohlen,
Das Geflüster kluger Myrten
Und der Blumen Atemholen.

Aber Pauken und Trommeten
Schallen plötzlich aus dem Schlosse,
Und erwachend hat sich Clara
Aus des Ritters Arm gezogen.

»Horch! da ruft es mich, Geliebter;
Doch, bevor wir scheiden, sollst du
Nennen deinen lieben Namen,
Den du mir so lang verborgen.«

Und der Ritter, heiter lächelnd,
Küßt die Finger seiner Donna,
Küßt die Lippen und die Stirne,
Und er spricht zuletzt die Worte:

Ich, Sennora, Eur Geliebter,
Bin der Sohn des vielbelobten,
Großen, schriftgelehrten Rabbi
Israel von Saragossa.

Der Jude Heine, der katholische Schulen besuchte, schrieb
diese Ballade kurz vor seiner protestantischen Taufe. Er pa-
rodiert ein bekanntes Motiv (eine Romanze Fouqués) ästhe-
tisch, durch den insgesamt heiter-pragmatischen Ton, die
kurzen Zeilen, das Rollenspiel – in dem allerdings nur Don-
na Clara in Anführungen spricht; der jüdische Ritter redet
ohne diese distanzierenden Zeichen, obwohl gerade er, im
Gegensatz zur jungen Dame, seine Gedanken verbirgt. Viel-
leicht hat Heine es ähnlich gehalten, in jener Situation, die
er selbst (in einem Brief an Fouqué und einem weiteren an
einen Freund) andeutet: »Das Ganze der Romanze ist eine
Szene aus meinem eignen Leben, bloß der Tiergarten wurde
in den Garten des Alkaden verwandelt, Baronesse in Señora,
und ich selber in einen heil. Georgen oder gar Apoll!« Die
Pose, die ihm so oft vorgeworfen wurde, ist hier tatsächlich
nichts als Schutz, und im speziellen Fall dieser Ballade hat
der Sechsundzwanzigjährige dies auch selbst angemerkt:
»Dieses Gedicht drückt«, heißt es in einem anderen Brief,
»nicht gut aus, was ich eigentlich sagen wollte und sagt

vielleicht gar etwas anderes. Es sollte wahrlich kein Lachen erregen, und noch viel weniger eine mokante Tendenz zeigen. Etwas, das ein individuell Geschehenes und zugleich ein Allgemeines, ein Weltgeschichtliches ist, und das sich klar in mir abspiegelte, wollte ich einfach, absichtslos und episch-parteilos zurückgeben im Gedichte; — und das Ganze hatte ich ernst-wehmütig und nicht lachend aufgefaßt...« Dem Christen Lessing, der unbedroht und ohne Demütigung in seiner Mehrheit und Normalität aufwuchs und lebte, ist in der Ringparabel die souverän-milde Darstellung der Gleichwertigkeit von Religionen möglich, dem Juden Heine bleibt es vermutlich notgedrungen überlassen, dieselbe Überzeugung durch eine prekär asymmetrische Situation eher aufscheinen zu lassen als buchstäblich, gleichsam richterlich, zu äußern oder zu fordern. »Der Taufzettel«, notiert er in seinen späten Aufzeichnungen — erfolglos protestantisch getauft, in Erwartung eines katholischen Begräbnisses, dem Judentum vielfältig widersprüchlich verbunden — »ist das Entreebillett zur europäischen Kultur.« Heines Ritter verhält sich auf diskrete Weise vieldeutig, erheischt aber immer Respekt; die Reaktion der Donna Clara ist ganz der Phantasie des Lesers überlassen. Diese ist heutzutage zweifellos bereichert durch die zahllosen Anekdoten dieser Art bis in die späten dreißiger Jahre: die Jüdin und der Jude, die an einen feurigen Antisemiten geraten, der sie, wie Heideggers Frau Elfride den Studenten Günter Anders, ehemals Stern, arglos für »die Bewegung« begeistern will. Und immer entschied sich neu, wem die Sache peinlicher war. Selten war es der Antisemit.

Maria Antoinette

Wie heiter im Tuilerienschloß
Blinken die Spiegelfenster,
Und dennoch dort am hellen Tag
Gehn um die alten Gespenster.

Es spukt im Pavillon de Flor'
Maria Antoinette;
Sie hält dort morgens ihr Lever
Mit strenger Etikette.

Geputzte Hofdamen. Die meisten stehn,
Auf Tabourets andre sitzen;
Die Kleider von Atlas und Goldbrokat,
Behängt mit Juwelen und Spitzen.

Die Taille ist schmal, der Reifrock bauscht,
Darunter lauschen die netten
Hochhackigen Füßchen so klug hervor –
Ach, wenn sie nur Köpfe hätten!

Sie haben alle keinen Kopf,
Der Königin selbst manquieret
Der Kopf, und Ihro Majestät
Ist deshalb nicht frisieret.

Ja, Sie, die mit turmhohem Toupet
So stolz sich konnte gebaren,
Die Tocher Maria Theresias,
Die Enkelin deutscher Cäsaren,

Sie muß jetzt spuken ohne Frisur
Und ohne Kopf, im Kreise
Von unfrisierten Edelfraun,
Die kopflos gleicherweise.

Das sind die Folgen der Revolution
Und ihrer fatalen Doktrine;
An allem ist schuld Jean Jacques Rousseau,
Voltaire und die Guillotine.

Doch sonderbar! es dünkt mich schier,
Als hätten die armen Geschöpfe
Gar nicht bemerkt, wie tot sie sind
Und daß sie verloren die Köpfe.

Ein leeres Gespreize, ganz wie sonst,
Ein abgeschmacktes Scherwenzen –
Possierlich sind und schauderhaft
Die kopflosen Reverenzen.

Es knickst die erste Dame d'atour
Und bringt ein Hemd von Linnen;
Die zweite reicht es der Königin,
Und beide knicksen von hinnen.

Die dritte Dam und die vierte Dam
Knicksen und niederknien
Vor Ihrer Majestät, um Ihr
Die Strümpfe anzuziehen.

Ein Ehrenfräulein kommt und knickst
Und bringt das Morgenjäckchen;
Ein andres Fräulein knickst und bringt
Der Königin Unterröckchen.

Die Oberhofmeisterin steht dabei,
Sie fächert die Brust, die weiße,
Und in Ermanglung eines Kopfs
Lächelt sie mit dem Steiße.

Wohl durch die verhängten Fenster wirft
Die Sonne neugierige Blicke,
Doch wie sie gewahrt den alten Spuk,
Prallt sie erschrocken zurücke.

Wie im Vorübergehen beweist hier Heine, wozu die Ballade
taugen kann: die historische Kostümierung der Französi-
schen Revolution ist 1850 bereits so von den lebenden Motten
zerfressen, daß sie wie von selbst schon bei der flüchtigsten
Lektüre zerfällt. Der Kommentar zur Restauration seiner
Zeit ist von glatter, beiläufiger Schärfe, durch den Reim noch
einmal pointiert: Die Köpfe sind längst schon abgeschlagen,
aber die Puppen der Macht werden von denselben Fäden
gezogen; sie haben den Kopf nie gebraucht, und sie selber
vermissen ihn nicht (sie lächeln dann mit dem Steiß). Und sie
verdienen beinahe Anteilnahme: verstaubte Puppen eines
Theaters, das lange ohne Publikum spielt; putzige und er-
bärmliche Figuren im historischen Abseits, die im Dunkeln
unaufhörlich ihre gestanzten Pirouetten drehen; Untote der
Vergangenheit, die nicht sterben können, weil ihre Gesten
und ihr Text unveränderbar und unpersönlich sind. So sind
sie ganz allein (nur die Sonne in ihrer neugierigen und um-
fassenden Güte zieht einmal den Vorhang zurück). Zehn
Jahre vorher schon hieß es in *Lutetia*: »Hier in Frankreich
herrscht gegenwärtig die größte Ruhe. Ein abgematteter,
schläfriger, gähnender Friede. Es ist alles still, wie in einer
verschneiten Winternacht. Nur ein leiser, monotoner Trop-
fenfall. Das sind die Zinsen, die fortlaufend hinabträufeln
in die Kapitalien, welche beständig anschwellen; man hört
ordentlich wie sie wachsen, die Reichtümer der Reichen.
Dazwischen das leise Schluchzen der Armut. Manchmal auch
klirrt etwas, wie ein Messer, das gewetzt wird.« Aber es wur-
de, wie wir wissen, tatsächlich nur gewetzt. Es waren Ge-
wehre, die zum schließlichen Einsatz kamen.

Diese wunderbare Ballade, die ganz ohne Metaphern aus-
kommt — denn die Köpfe rollten ja tatsächlich —, fiel
natürlich (Metternich bei der Lektüre Heines: »Sehr gut!
Muß sofort verboten werden!«) umgehend der Zensur zum
Opfer. Ein Bruder Heinrich Heines, der spätere Gustav
Baron von Heine-Geldern, teilte ihm dies in einem Brief aus
Wien gleich mit: das Verbot des *Romanzero* und des *Faust* sei
mit Bezug auf die Texte *Maria Antoinette* und *Disputation*
erfolgt.

Das Sklavenschiff

I

Der Superkargo Mynher van Koek
Sitzt rechnend in seiner Kajüte;
Er kalkuliert der Ladung Betrag
Und die probabeln Profite.

»Der Gummi ist gut, der Pfeffer ist gut,
Dreihundert Säcke und Fässer;
Ich habe Goldstaub und Elfenbein —
Die schwarze Ware ist besser.

Sechshundert Neger tauschte ich ein
Spottwohlfeil am Senegalflusse.
Das Fleisch ist hart, die Sehnen sind stramm,
Wie Eisen vom besten Gusse.

Ich hab zum Tausche Branntewein,
Glasperlen und Stahlzeug gegeben;
Gewinne daran achthundert Prozent,
Bleibt mir die Hälfte am Leben.

Bleiben mir Neger dreihundert nur
Im Hafen von Rio-Janeiro,
Zahlt dort mir hundert Dukaten per Stück
Das Haus Gonzales Perreiro.«

Da plötzlich wird Mynher van Koek
Aus seinen Gedanken gerissen;
Der Schiffschirurgius tritt herein,
Der Doktor van der Smissen.

Das ist eine klapperdürre Figur,
Die Nase voll roter Warzen —
Nun, Wasserfeldscherer, ruft van Koek,
Wie gehts meinen lieben Schwarzen?

Der Doktor dankt der Nachfrage und spricht:
»Ich bin zu melden gekommen,
Daß heute nacht die Sterblichkeit
Bedeutend zugenommen.

Im Durchschnitt starben täglich zwei,
Doch heute starben sieben,
Vier Männer, drei Frauen — Ich hab den Verlust
Sogleich in die Kladde geschrieben.

Ich inspizierte die Leichen genau;
Denn diese Schelme stellen
Sich manchmal tot, damit man sie
Hinabwirft in die Wellen.

Ich nahm den Toten die Eisen ab;
Und wie ich gewöhnlich tue,
Ich ließ die Leichen werfen ins Meer
Des Morgens in der Fruhe.

Es schossen alsbald hervor aus der Flut
Haifische, ganze Heere,
Sie lieben so sehr das Negerfleisch;
Das sind meine Pensionäre.

Sie folgten unseres Schiffes Spur,
Seit wir verlassen die Küste;
Die Bestien wittern den Leichengeruch,
Mit schnupperndem Fraßgelüste.

Es ist possierlich anzusehn,
Wie sie nach den Toten schnappen!
Die faßt den Kopf, die faßt das Bein,
Die andern schlucken die Lappen.

Ist alles verschlungen, dann tummeln sie sich
Vergnügt um des Schiffes Planken
Und glotzen mich an, als wollten sie
Sich für das Frühstück bedanken.«

Doch seufzend fällt ihm in die Red
Van Koek: Wie kann ich lindern
Das Übel? wie kann ich die Progression
Der Sterblichkeit verhindern?

Der Doktor erwidert: »Durch eigne Schuld
Sind viele Schwarze gestorben;
Ihr schlechter Odem hat die Luft
Im Schiffsraum so sehr verdorben.

Auch starben viele durch Melancholie,
Dieweil sie sich tödlich langweilen;
Durch etwas Luft, Musik und Tanz
Läßt sich die Krankheit heilen.«

Da ruft van Koek: »Ein guter Rat!
Mein teurer Wasserfeldscherer
Ist klug wie Aristoteles,
Des Alexanders Lehrer.

Der Präsident der Sozietät
Der Tulpenveredlung im Delfte
Ist sehr gescheit, doch hat er nicht
Von Eurem Verstande die Hälfte.

Musik! Musik! Die Schwarzen solln
Hier auf dem Verdecke tanzen.
Und wer sich beim Hopsen nicht amüsiert,
Den soll die Peitsche kuranzen.«

2

Hoch aus dem blauen Himmelszelt
Viel tausend Sterne schauen,
Sehnsüchtig glänzend, groß und klug,
Wie Augen von schönen Frauen.

Sie blicken hinunter in das Meer,
Das weithin überzogen
Mit phosphorstrahlendem Purpurduft;
Wollüstig girren die Wogen.

Kein Segel flattert am Sklavenschiff,
Es liegt wie abgetakelt;
Doch schimmern Laternen auf dem Verdeck,
Wo Tanzmusik spektakelt.

Die Fiedel streicht der Steuermann,
Der Koch, der spielt die Flöte,
Ein Schiffsjung schlägt die Trommel dazu,
Der Doktor bläst die Trompete.

Wohl hundert Neger, Männer und Fraun,
Sie jauchzen und hopsen und kreisen
Wie toll herum; bei jedem Sprung
Taktmäßig klirren die Eisen.

Sie stampfen den Boden mit tobender Lust,
Und manche schwarze Schöne
Umschlingt wollüstig den nackten Genoß —
Dazwischen ächzende Töne.

Der Büttel ist maître des plaisirs,
Und hat mit Peitschenhieben
Die lässigen Tänzer stimuliert,
Zum Frohsinn angetrieben.

Und Dideldumdei und Schnedderedeng!
Der Lärm lockt aus den Tiefen
Die Ungetüme der Wasserwelt,
Die dort blödsinnig schliefen.

Schlaftrunken kommen geschwommen heran
Haifische, viele hundert;
Sie glotzen nach dem Schiff hinauf,
Sie sind verdutzt, verwundert.

Sie merken, daß die Frühstückstund
Noch nicht gekommen, und gähnen,
Aufsperrend den Rachen; die Kiefer sind
Bepflanzt mit Sägezähnen.

Und Dideldumdei und Schnedderedeng —
Es nehmen kein Ende die Tänze.
Die Haifische beißen vor Ungeduld
Sich selber in die Schwänze.

Ich glaube, sie lieben nicht die Musik,
Wie viele von ihrem Gelichter.
Trau keiner Bestie, die nicht liebt
Musik! sagt Albions großer Dichter.

Und Schnedderedeng und Dideldumdei –
Die Tänze nehmen kein Ende.
Am Fockmast steht Mynher van Koek
Und faltet betend die Hände:

»Um Christi willen verschone, o Herr,
Das Leben der schwarzen Sünder!
Erzürnten sie dich, so weißt du ja,
Sie sind so dumm wie die Rinder.

Verschone ihr Leben um Christi willn,
Der für uns alle gestorben!
Denn bleiben mir nicht dreihundert Stück,
So ist mein Geschäft verdorben.«

Man vermißt ja den dritten Teil sofort: die Meuterei auf der
Bounty, die Mynher de Koek und seinen Arzt den Wogen
und den Haien übergibt. Aber so gewitzt diese Ballade for-
muliert ist, so makaber und trostlos ist sie auch; es gibt keine
Gelegenheit zur identifizierenden Empörung, weder im
Gang der Handlung noch in der Art des Berichts scheint ein
geringes Licht auf. »Geld ist flüssiger als Wasser.«
Zögling einer Kaufmannsfamilie, war Heine ein kluger und
mitleidsvoller Beobachter der barbarischen Bedingungen
profitablen Kapitals, aber auch imprägniert gegen die Ro-
mantisierung der Armut: »Es ist nicht meine Schuld«, heißt
es in einem Testamententwurf, »wenn der Gesamtbetrag
alles dessen, was ich hinterlasse, nur gering ist und ich in
einem Zustande, der an Dürftigkeit grenzt, mein Leben be-

schließe. Auch die deutsche Muse ist nicht schuld daran, und ich bemerke solches ausdrücklich, um nicht jener Meinung Vorschub zu leisten, als sei die Poesie eine fatale Gabe, die ihren Besitzer zum Erwerb und zur Verwaltung unfähig mache, als sei der Poet von Natur unpraktisch und deshalb hienieden zu Armut und Elend verdammt. Die Mittelmäßigkeit hat diese Meinung ausgeheckt, um der Welt einzureden, ihre eigene poetische Inkapazität sei eine Bürgschaft ihrer Geschicklichkeit in Verwaltung häuslicher oder öffentlicher Geschäfte.« Mit Swiftscher Unerbittlichkeit und Kühle konstatiert Heine in dieser (wahrscheinlich von der Lektüre von »Onkel Toms Hütte« inspirierten) Ballade die Verquickung von Kapitalismus und christlich-calvinistischer Ideologie, die aus den Schwarzen eine Ware und aus de Koek eine Rechenmaschine macht. Deshalb ist Satire gefährlicher als ein moralischer Impuls, selbst wenn er durchdringend geäußert wird; Satire benennt Interessen, die weit schwieriger zu bewerten sind als moralische Grundintuitionen. Es ist das dumpfe Unbehagen eventueller Mitschuld, das abgewehrt werden will, während die klassische Mitleidsethik den Berührten im Lebensvollzug in aller Regel ganz unberührt läßt. Die Wut, die Heines »Zynismus« auslöste und die ihn so anhaltend zum zweitklassigen Dichter zu degradieren versuchte, speist sich aus diesem Unwohlsein; schließlich schüttet er keinen Kübel Jauche aus, sondern zeigt die Ausdehnung einer übel riechenden Pfütze, in der auch seine Leser stehen.

DER LYRISCH-SATIRISCHE KOMMENTATOR

Das Fräulein stand am Meere
Und seufzte lang und bang,
Es rührte sie so sehre
Der Sonnenuntergang.

Mein Fräulein! sein Sie munter,
Das ist ein altes Stück;
Hier vorne geht sie unter
Und kehrt von hinten zurück.

Heine kann beides. Er kann Gedichte schreiben, die in ihrer
Schlichtheit zu Herzen gehen und so unmittelbar wirken,
daß man sie nicht mehr vergißt. Er kann, naiv und treu, den
Bänkelsänger seines Gemüts und seiner Sprache geben, na-
türlich, unverbildet, als ein bukolischer Geist, der Hirte
tiefer, singender Gefühle. Er wäre heute ein guter, ein ex-
zellenter Werbetexter, weil er, schamlos an das Bekannte
anknüpfend, auf die simpelsten Reize zielt: den schnellen
Reim, die Legosteine der Sprache, die allgemeine Vorstel-
lung von dem, was zusammengehört. Aber er kann auch mit
Ironie sich selbst zitieren, die Fertigsprache seiner Zeit, die
abgelebten Bilder, die er soeben noch selbst gebrauchte und,
noch einmal, zu beglaubigen schien. Er ist, als Dichter, auf
eine vitale Weise unzuverlässig: aus einer Stimmung aufge-
taucht, kann er ihrer sofort überdrüssig werden; vor fünf
Minuten vielleicht war es noch der rote Sonnenuntergang,

der ihn in der Seele berührte, jetzt ödet ihn die Sache an, und er schreibt über diese Empfindsamkeit, die er oft genug selbst an sich erlebte und in die aufrichtigsten Worte brachte, einen zynischen Achtzeiler. Der so durchdringend und nachhaltig im Gedächtnis ist, daß er von nun an jeden lyrischen Sonnenuntergang kommentiert, einschließlich derer von Heine, der schon als junger Schriftsteller sprachliches Bodenturnen sowohl betrieb als auch mit Purzelbäumen abschloß.

Auf meiner Herzliebsten Äugelein
Mach ich die schönsten Kanzonen.
Auf meiner Herzliebsten Mündchen klein
Mach ich die besten Terzinen.
Auf meiner Herzliebsten Wängelein
Mach ich die herrlichsten Stanzen.
Und wenn meine Liebste ein Herzchen hätt,
Ich machte darauf ein hübsches Sonett.

Die blauen Veilchen der Äugelein,
Die roten Rosen der Wängelein,
Die weißen Lilien der Händchen klein,
Die blühen und blühen noch immerfort,
Und nur das Herzchen ist verdorrt.

Nicht wenige Lieder Heines folgen dem eigenen Text (oder sind ihm einen Halbschritt voraus); das eine Wort gibt das andere, und die schließliche Pointe ist eine, die aus der plötzlichen Wörtlichkeit entsteht, wo noch in den Zeilen zuvor, mit großer Harmlosigkeit, die Worte als Bilder gelesen wurden. Ein gutes Gedicht hat oft einen Umschlagpunkt; bei der

Ballade wird darauf hin *erzählt*, in anderen Fällen wird der Höhepunkt sprachlich hergestellt – es bricht etwas; manchmal nur eine einzige Vokabel stört die schöne Einfalt oder die Eintracht der Empfindung. Wie beim Eingangsgedicht das »Fräulein«, vielleicht noch das gedehnte »sehre« diskret warnt vor dem, was dann noch kommt: der Schlag mit einem kalten Lappen dahin, wo eben noch die Seele und Caspar David Friedrich seufzten. Heine ist weniger ein Wortmeister als einer des Umschwungs noch in der strophischen Bewegung. Er nimmt die Traditionen auf, die seine Lesezeit prägen, mitsamt der *oral history* des Volksliedes. In einem Brief von 1825 ist sein Programm ganz klar zu lesen: »Aus den alten, vorhandenen Volksliederformen neue bilden, die ebenfalls volkstümlich sind, ohne daß man nötig hat, die alten Sprachholprigkeiten und Unbeholfenheiten nachzuahmen.« Doch kommentiert er die alten Formen nicht selten, indem er seine Leser zwingt, über ihre eigenen Gewohnheiten zu lachen. Er prägt nicht immer Neues, demontiert oft nur das Alte – und mit der alten Sprache auch die Gefühle, die sprichwörtlich geworden sind. Auch die allgemeine Sprache der Liebe wird so von ihm belebt, gebraucht, zitiert – und jählings überführt.

Ich steh auf des Berges Spitze,
Und werde sentimental.
»Wenn ich ein Vöglein wäre!«
Seufz ich viel tausendmal.

Wenn ich eine Schwalbe wäre,
So flög ich zu dir, mein Kind,
Und baute mir mein Nestchen,
Wo deine Fenster sind.

Wenn ich eine Nachtigall wäre,
So flög ich zu dir, mein Kind,
Und sänge dir Nachts meine Lieder
Herab von der grünen Lind.

Wenn ich ein Gimpel wäre,
So flög ich gleich an dein Herz;
Du bist ja hold den Gimpeln,
Und heilest Gimpelschmerz.

»Trotz meiner exterminatorischen Feldzüge gegen die Romantik«, wendet Heine gegen die Vorwürfe ein, er sei ein Held der Pose, »blieb ich doch selbst immer ein Romantiker, und ich war es in einem höhern Grade, als ich selbst ahnte. Nachdem ich dem Sinne für romantische Poesie in Deutschland die tödlichsten Schläge beigebracht, beschlich mich selbst wieder eine unendliche Sehnsucht nach der blauen Blume im Traumlande der Romantik, und ich ergriff die bezauberte Laute und sang ein Lied, worin ich mich allen holdseligen Übertreibungen, aller Mondscheintrunkenheit, allem blühenden Nachtigallen-Wahnsinn der einst so geliebten Weise hingab. Ich weiß, es war ›das letzte freie Waldlied der Romantik‹, und ich bin ihr letzter Dichter: mit mir ist die alte lyrische Schule der Deutschen geschlossen, während zugleich die neue Schule, die moderne deutsche Lyrik, von mir eröffnet ward.«

Gespräch auf der Paderborner Heide

Hörst du nicht die fernen Töne,
Wie von Brummbaß und von Geigen?
Dorten tanzt wohl manche Schöne
Den geflügelt leichten Reigen.

»Ei, mein Freund, das nenn ich irren,
Von den Geigen hör ich keine,
Nur die Ferklein hör ich quirren,
Grunzen nur hör ich die Schweine.«

Hörst du nicht das Waldhorn blasen?
Jäger sich des Weidwerks freuen,
Fromme Lämmer seh ich grasen,
Schäfer spielen auf Schalmeien.

»Ei, mein Freund, was du vernommen,
Ist kein Waldhorn, noch Schalmeie;
Nur den Sauhirt seh ich kommen,
Heimwärts treibt er seine Säue.«

Hörst du nicht das ferne Singen,
Wie von süßen Wettgesängen?
Englein schlagen mit den Schwingen
Lauten Beifall solchen Klängen.

»Ei, was dort so hübsch geklungen,
Ist kein Wettgesang, mein Lieber!
Singend treiben Gänsejungen
Ihre Gänselein vorüber.«

Hörst du nicht die Glocken läuten,
Wunderlieblich, wunderhelle?
Fromme Kirchengänger schreiten
Andachtsvoll zur Dorfkapelle.

»Ei, mein Freund, das sind die Schellen
Von den Ochsen, von den Kühen,
Die nach ihren dunkeln Ställen
Mit gesenktem Kopfe ziehen.«

Siehst du nicht den Schleier wehen?
Siehst du nicht das leise Nicken?
Dort seh ich die Liebste stehen,
Feuchte Wehmut in den Blicken.

»Ei, mein Freund, dort seh ich nicken
Nur das Waldweib, nur die Lise;
Blaß und hager an den Krücken
Hinkt sie weiter nach der Wiese.«

Nun, mein Freund, so magst du lachen
Über des Phantasten Frage!
Wirst du auch zur Täuschung machen,
Was ich fest im Busen trage?

Dem Volkslied und der Romantik nimmt Heine hier gleich-
sam die Parade ab; er läßt nichts aus: weder die Geigen noch
den Reigen, das Weidwerk nicht und die Schalmeien, die
Englein schlagen mit den Schwingen, die Glocken läuten
wunderhelle, die Liebste blickt wehmütig aus feuchten Au-
gen. Aber die Gegenrede des Realisten ist es, die er mit
Anführungen distanziert, und am Ende steht eine andere
Einsicht. Sie geht über das treuliche Diktum, die Schönheit
liege eben im Auge des Betrachters, weit hinaus: Es ist das
ganze ja ein Zwiegespräch zwischen dem nüchtern-destruk-
tiven Zweifel, dem, wie man heute sagen würde, »postmo-
dernen Wissen« um das projektive Stückwerk unserer
Wahrnehmung – und jener Sehnsucht nach dem Paradies,
welche die romantische Dichtung beschwor. Es ist die Un-
entschiedenheit, das Beieinander, die Gleichzeitigkeit, die
dieses Gedicht ausmachen: das Paradies und die Vertreibung,
der Blick zurück, auf eine Leinwand. Heine ist ein reflek-
tierter Romantiker; er thematisiert die nicht mehr aufheb-
bare Spannung eines Bewußtseins, das die verlorene Idylle

beschwört und sich mit ironischer Trauer von diesem Wunsch noch einmal abhebt: es ist vergeblich, aber es muß wohl sein.

Heine, der Meister jeder Sprache seiner Zeit, hat der Romantik das Loch gegraben. Er wirft nun Erde auf das frische Grab, aber er singt dabei die alten Weisen: auf das Verlorene und auf die Sprache, in der es aufgehoben war. Und Heine singt die alten Weisen so, daß sie nun endgültig Zitat geworden sind.

> Sorge nie, daß ich verrate
> Meine Liebe vor der Welt,
> Wenn mein Mund ob deiner Schönheit
> Von Metaphern überquellt.
>
> Unter einem Wald von Blumen
> Liegt, in still verborgner Hut,
> Jenes glühende Geheimnis,
> Jene tief geheime Glut.
>
> Sprühn einmal verdächtge Funken
> Aus den Rosen – sorge nie!
> Diese Welt glaubt nicht an Flammen,
> Und sie nimmts für Poesie.

> »Teurer Freund! Was soll es nützen,
> Stets das alte Lied zu leiern?
> Willst du ewig brütend sitzen
> Auf den alten Liebes-Eiern?
>
> Ach! das ist ein ewig Gattern,
> Aus den Schalen kriechen Küchlein,
> Und sie piepsen und sie flattern,
> Und du sperrst sie in ein Büchlein.«

Humorfreie Lyrik hat es grundsätzlich leichter, ästhetisch gewürdigt zu werden: wir trauen der Pointe nicht, weil sie uns überrascht, also Erwartungen erschüttert, Gewohnheiten verstört und einer nachgeholten Abschätzung bedarf, ob sie denn auch geschmackvoll (wirklich klug, politisch unanstößig) war. Der Witz hat eine verräterische Tendenz, nicht nur für den, der ihn erzählt, sondern gerade für den, der lacht – und an der falschen Stelle gelacht zu haben, zieht einen untilgbaren Vorwurf nach sich, gerade weil dem Lachen keine Begründung vorausgeht, die man zurechtklügeln könnte: die Begründung für das Witzige am Witz gibt man, indem man lacht; das Mißverständnis ist – anders als bei Beleidigungen, Streit und Argumentation – keine gültige Ausrede. So ist der Witz gefährlich; außerdem braucht er (wie der Reim) Geschwindigkeit: ein zusätzlicher Kontrollverlust. Aus der hieraus entstehenden Angst wird dann Abwertung als systematische Abwehr – der hellen, schnellen Pointe, die, langsam gedacht, nicht besser wird, der Aggression im Witz, der man nicht böse sein kann. Dolf Sternberger zitiert den damals einflußreichen Literaten Alexander Schröder 1956 mit dem Wort »Heine gibt's immer fünfzig Pfennige billiger«; in diesem Bonmot ist das ganze Ressentiment gegen den Witz aufgehoben, das unsere Kulturklasse mobilisiert, wenn ihr das Zwerchfell schmerzt. Bloß nicht lachen unter Niveau! Dann lieber das Gesicht verziehen.

Blamier mich nicht, mein schönes Kind,
Und grüß mich nicht unter den Linden;
Wenn wir nachher zu Hause sind,
Wird sich schon alles finden.

Heines Humor nutzt alle Spielflächen. Beiläufig verhöhnt er das gesittet Übliche, mit Lust verätzt er die Herrschenden, satirisch gibt er die Wohlmeinenden der Lächerlichkeit preis, erbarmungslos stellt er Kollegen aus; er arbeitet mit allen Mitteln, von der sorgsam geschliffenen Pointe bis zum Pennälerscherz; er ist auch darin unzuverlässig, daß er die Spielregeln (no jokes with names) verletzt und rüde-flegelhaft ist, obwohl er es doch viel besser könnte: »Frivolität«, »Zynismus«, »persönlicher Angriff« führt der Heine-Experte Briegleb als Beispiele für »das traditionelle Schmähvokabular der Heine-Kritik« auf. Heine selbst hat seine Gegner mit seinem soliden Selbstbewußtsein auf die hinteren Plätze gesetzt: »Aber meine Feinde sind gar zu lächerlich! Ich sage Feinde, ich gebe ihnen aus Courtoisie diesen Titel, obgleich sie meistens nur meine Verleumder sind. Es sind kleine Leute, deren Haß nicht einmal bis an meine Waden reicht. Mit stumpfen Zähnen nagen sie an meinen Stiefeln. Das bellt sich müd da unten.«

Heines Witz ist nicht festzulegen, unsolidarisch, eine individuelle Ressource, die alle An- und Rückwendungen zuläßt; das weckt tiefere Furcht als der strategische Witz. »Die Waffe des Witzes ist es«, schreibt der zeitgenössische Kritiker Rudolf von Groscreutz, »die Heine mit so unvergleichlicher Virtuosität handhabt, daß ich ihm in dieser Hinsicht unter den gleichzeitigen Schriftstellern keinen einzigen an die Seite zu stellen wüßte; um Schriftsteller zu finden, die ihm in diesem Punkte ebenbürtig sind, müssen wir auf Lessing und Lichtenberg zurückgehen. Und selbst gegen diese steht Heine gewissermaßen im Vorteil. Lessing sowohl wie Lichtenberg sind Heine vielleicht an intensiver Kraft des Witzes überlegen; allein sie gebrauchen ihren Witz bei weitem nicht so rücksichtslos, als Heine den seinigen anwendet, und eben darin – in dieser Rücksichtslosigkeit, die zugleich die conditio sine qua non aller echten Satire ist, liegt die Überlegenheit Heines. Heine ist unser rücksichts- und scho-

nungslosester, und darum größter Satiriker. Lichtenberg
stand der Hofrat und Professor – deren er sich nur hin und
wieder, z. B. bei seiner Fehde gegen Zimmermann, entledig-
te – im Wege; und Lessing gar gebrauchte seinen reichen
Witz fast nur subsidiarisch; der Witz war ihm nicht notwen-
dig genug, er war ihm nicht, wie andern, seine Haupt- und
alleinige Kraft, und so geschah es selten, daß er ihm den
Zügel einmal schießen ließ, daß er ihn einmal in vollem
Maße gebrauchte. Der Lessingsche Witz erscheint in der
Regel erst auf dem Schlachtfelde, wenn der Lessingsche
Scharfsinn das Treffen entschieden hat; er konstatiert nur
den Sieg, nimmt die Zählung der Toten, der Gefangenen vor
und schreibt dann das Bulletin der gewonnenen Bataille;
damit begnügt er sich, selten, daß er sich ins Handgemenge
mischt.«

Heine hatte schon früh nichts mehr zu verlieren. Seine ein-
zigartige Position zwischen den Welten, zwischen Frank-
reich und Deutschland, als Vermittler und als Journalist, als
politischer Analytiker und als gepriesener Lyriker war kon-
stituiert ohne Pensionsberechtigung, ohne parteiliche Bünd-
nisse. Vom Staat war nichts zu erwarten, gefällige Offerten
waren nicht in Aussicht, die Freundschaften wechselten pe-
riodisch, die öffentliche Gunst war verläßlich schwankend:
die Bedingungen für seinen frei flottierenden Humor waren
auf deprimierende Weise günstig.

Selten habt Ihr mich verstanden,
Selten auch verstand ich Euch,
Nur wenn wir im Kot uns fanden,
So verstanden wir uns gleich.

Natürlich nimmt man Heine übel, daß er die Grenzen des
guten Geschmacks ignoriert; er zwingt so seine Gegner, dies

ebenfalls zu tun, oder huldvoll erbittert zu schweigen, die Füße still auf dem kleinen, persönlichen Podest der zeitgenössischen Würde. Heine ärgert sich, er wird gekränkt, er schluckt manchen Zorn hinunter. Aber dann wirft er mit Gallensteinen.

»Friedliche Gesinnung«, heißt es in den *Aufzeichnungen* der letzten Jahre, »Wünsche: bescheidene Hütte, Strohdach, aber gutes Bett, gutes Essen, Milch und Butter, sehr frisch, vor dem Fenster Blumen, vor der Türe einige schöne Bäume, und wenn der liebe Gott mich ganz glücklich machen will, läßt er mir die Freude erleben, daß an diesen Bäumen etwa sechs bis sieben meiner Feinde aufgehängt werden − Mit gerührtem Herzen werde ich ihnen vor ihrem Tode alle Unbill verzeihen, die sie mir im Leben zugefügt − ja, man muß seinen Feinden verzeihen, aber nicht früher, als bis sie gehenkt worden. − Versöhnlichkeit, Liebe, Barmherzigkeit.«

Vermächtnis

Nun mein Leben geht zu End,
Mach ich auch mein Testament;
Christlich will ich drin bedenken
Meine Feinde mit Geschenken.

Diese würdgen, tugendfesten
Widersacher sollen erben
All mein Siechtum und Verderben,
Meine sämtlichen Gebresten.

Ich vermach euch die Koliken,
Die den Bauch wie Zangen zwicken,
Harnbeschwerden, die perfiden
Preußischen Hämorrhoiden.

Meine Krämpfe sollt ihr haben,
Speichelfluß und Gliederzucken,
Knochendarre in dem Rucken,
Lauter schöne Gottesgaben.

Kodizill zu dem Vermächtnis:
In Vergessenheit versenken
Soll der Herr eur Angedenken,
Er vertilge eur Gedächtnis.

»Die Heinesche Polemik«, so noch einmal Groscreutz, »ist
die Kriegführung des Witzes auf eigene Hand. Der Witz
allein, wie ich schon oben bemerkt zu haben glaube, eröffnet
und endet den Feldzug. Wenn der Heinesche Witz jedoch
hinreicht, dem Gegner den Garaus zu machen, ist es dann
mit den Einwürfen gegen die Heinesche Polemik nicht bei-
nahe eben so beschaffen, wie mit den Klagen der gegen die
Feldherren der französischen Republik Krieg führenden
Generale, mit der Klage nämlich, daß die Schläge, welche
man bekommen, keine regelmäßigen, regelrechten Schläge
gewesen, daß man ganz gegen die Regel durchgebläut wor-
den?«

Ich lache ob den abgeschmackten Laffen,
Die mich anglotzen mit den Bocksgesichtern;
Ich lache ob den Füchsen, die so nüchtern
Und hämisch mich beschnüffeln und begaffen.

Ich lache ob den hochgelahrten Affen,
Die sich aufblähn zu stolzen Geistesrichtern;
Ich lache ob den feigen Bösewichtern,
Die mich bedrohn mit giftgetränkten Waffen.

Denn wenn des Glückes hübsche Siebensachen
Uns von des Schicksals Händen sind zerbrochen,
Und so zu unsern Füßen hingeschmissen;

Und wenn das Herz im Leibe ist zerrissen,
Zerrissen, und zerschnitten, und zerstochen –
Dann bleibt uns doch das schöne gelle Lachen.

In diesem programmatischen Sonett weist Heine das Lachen
als Notwehr aus; biographisch hatte er, als er es schrieb,
hinreichend Anlaß. Als Student in Göttingen, im Herbst
1820 immatrikuliert, versank er schnell und klaftertief in
schweren Depressionen. Des Vaters Bankrott war besiegelt,
das Jurastudium eine Vernunftentscheidung fast ohne Libi-
dogrundierung, die akademische Welt in Göttingen wenig
faszinierend. Die Pedanterie der Gelehrten ödete ihn an, das
gesellschaftliche Leben war keine Erholung: »patente Po-
madenhengste, Prachtausgaben wässrichter Prosaiker, pla-
stisch ennuyante Gesichter« umgaben den Dreiundzwanzig-
jährigen. Der Antisemitismus der Burschenschaften (Juden
waren dort auszuschließen, hatte ein geheimer Burschentag
gerade in Dresden verfügt: »als solche, die kein Vaterland
haben und für unseres kein Interesse haben können, außer
wenn erwiesen ist, daß sie sich christlich-teutsch für unser
Volk ausbilden wollen«) tat ein übriges, ein Ehrenhandel
erledigte den Rest: Heine verließ Göttingen, von der Uni-
versität eines Duells wegen relegiert, schon nach einem
Semester, um wieder nach Hamburg zu fahren, die Stadt
Amalies und die »Wiege seiner Leiden«. Noch kurz vor sei-
ner Abreise erreichte ihn die Nachricht, daß die vergeblich
Geliebte sich verlobt hatte, drei Jahre später erschien ein
kommentierendes Gedicht in der *Heimkehr*.

Als ich, auf der Reise, zufällig
Der Liebsten Familie fand,
Schwesterchen, Vater und Mutter,
Sie haben mich freudig erkannt.

Sie fragten nach meinem Befinden,
Und sagten selber sogleich:
Ich hätte mich gar nicht verändert,
Nur mein Gesicht sei bleich.

Ich fragte nach Muhmen und Basen,
Nach manchem langweilgen Geselln,
Und nach dem kleinen Hündchen
Mit seinem sanften Belln.

Auch nach der vermählten Geliebten
Fragte ich nebenbei;
Und freundlich gab man zur Antwort:
Daß sie in den Wochen sei.

Und freundlich gratuliert ich,
Und lispelte liebevoll:
Daß man sie von mir recht herzlich
Viel tausendmal grüßen soll.

Schwesterchen rief dazwischen:
Das Hündchen, sanft und klein,
Ist groß und toll geworden,
Und ward ertränkt, im Rhein.

Die Kleine gleicht der Geliebten,
Besonders wenn sie lacht;
Sie hat dieselben Augen,
Die mich so elend gemacht.

»I am your spaniel«, heißt es bei Shakespeare. Heine aber war kein gepflegter Spaniel mit langem, seidigen Fell. Amalie hatte ihn nie gestreichelt, er war der Köter seiner Liebe. Dazuhin war der Vater krank; die Welt konnte dunkler kaum sein: »Ja wenn«, schrieb er an einen Freund, »die weitklaffende Todeswunde meines Herzens sprechen könnte, so spräche sie: ich lache.«

> Anfangs wollt ich fast verzagen,
> Und ich glaubt, ich trüg es nie;
> Und ich hab es doch getragen –
> Aber fragt mich nur nicht, wie?

In den kommentierenden Humor schloß sich Heine stets mit ein; sein Selbstbewußtsein als Dichter zeigte von seinen ersten Veröffentlichungen an jene Koketterie, die sich die Selbstironie als souveräne, am wenigsten peinliche Äußerungsform wählt.

> Und als ich euch meine Schmerzen geklagt,
> Da habt ihr gegähnt und nichts gesagt;
> Doch als ich sie zierlich in Verse gebracht,
> Da habt ihr mir große Elogen gemacht.

Trotzdem sind die lyrischen Hinweise auf das klassische Komikerelend selten. »Wer Heine kennt«, charakterisierte ihn ein Göttinger Studienkollege, »kann kaum das Lachen lassen, wenn's ihm einfällt, daß der schmerzzerrissene Mensch solch herzzerreißende Lieder dichten konnte; denn dem äußeren Umgang nach zu urteilen, ist's ihm ebenso einerlei, wenn ihm ein Mädchen untreu wird, als er eine ungezügelte

Angst vor allem hatte, was körperlicher Schmerz hieß, namentlich vor Prügeln. Doch gibt's wohl wenige Menschen, wo das Innere im stillen immer so mächtig und fürchterlich fortbrütet, als bei Heine, wenig Menschen, bei denen das Innere sich so wenig im äußeren Leben zeigt, als bei ihm. ... Er prahlte sehr, und dabei hatte innerlich doch niemand eine geringere Meinung von sich als er; am liebsten scherzte er über seine juristische Unwissenheit. Bei seinen heftigen und unausgesetzten Kopfschmerzen hatte er eine seltene Heiterkeit und Frische des Geistes, die sogleich durchblickte, wenn ihm etwas einfiel, was ihm lächerlich war. Niemanden habe ich über seine eigenen Witze mehr lachen hören als ihn, niemand machte mehr Witze als er, aber auch niemand mehr schlechte als er; die guten waren sehr gut.«

Die holden Wünsche blühen,
Und welken wieder ab,
Und blühen und welken wieder –
So geht es bis ans Grab.

Das weiß ich, und das vertrübet
Mir alle Lieb und Lust;
Mein Herz ist so klug und witzig,
Und verblutet in meiner Brust.

Der Witz im Paarlauf mit der Verzweiflung, das ist Heines Kunst von Anfang an. Er ist ein Meister der hellen wie der schwarzen Pointe, jener jähen Volte, die alle Heiterkeit zuvor zunichte macht. »Der Humor«, schrieb Friedrich Hebbel in seiner Würdigung der vierten Auflage des *Buches der Lieder*, »ist empfundener Dualismus; nicht die Caricatur des Ideals soll er zeichnen, oder seinen Schatten, sondern das Ideal selbst in seinem vergeblichen Ringen nach Gestaltung.

Allein, wenn die positive Kunst den Abgrund, der das Wirkliche von dem Möglichen scheidet, zu überfliegen sucht, so stürzt der Humor, als die negative, sich in diesen Abgrund hinunter, und hierin liegt so viel Verzweiflung, aber nicht so viel Trost, wie in der erschütterndsten Tragik, wenn es, was allerdings sehr selten ist, rein und rund zur Erscheinung kommt. Das ist bei Heine z. B. in dem schönen Gedicht: Mein Herz, mein Herz ist traurig ect. der Fall.«

Mein Herz, mein Herz ist traurig,
Doch lustig leuchtet der Mai;
Ich stehe, gelehnt an der Linde,
Hoch auf der alten Bastei.

Da drunten fließt der blaue
Stadtgraben in stiller Ruh;
Ein Knabe fährt im Kahne,
Und angelt und pfeift dazu.

Jenseits erheben sich freundlich,
In winziger, bunter Gestalt,
Lusthäuser, und Gärten, und Menschen,
Und Ochsen, und Wiesen, und Wald.

Die Mägde bleichen Wäsche,
Und springen im Gras herum:
Das Mühlrad stäubt Diamanten,
Ich höre sein fernes Gesumm.

Am alten grauen Turme
Ein Schilderhäuschen steht;
Ein rotgeröckter Bursche
Dort auf und nieder geht.

Er spielt mit seiner Flinte,
Die funkelt im Sonnenrot,
Er präsentiert und schultert —
Ich wollt, er schösse mich tot.

Ein Jüngling liebt ein Mädchen,
Die hat einen andern erwählt;
Der andre liebt eine andre,
Und hat sich mit dieser vermählt.

Das Mädchen heiratet aus Ärger
Den ersten besten Mann,
Der ihr in den Weg gelaufen;
Der Jüngling ist übel dran.

Es ist eine alte Geschichte,
Doch bleibt sie immer neu;
Und wem sie just passieret,
Dem bricht das Herz entzwei.

Humor als Notwehr und als bewaffneter Angriff: Ein schönes Beispiel für die gelöste Rücksichtslosigkeit, mit der
Heine erleuchtenden Spott betrieb, ist das Gedicht *Verkehrte
Welt*, erstmals 1844 im »Vorwärts« gedruckt. Unter anderem
glossiert der Autor hier König Friedrich Wilhelm IV. und
den sogenannte Deutschkatholizismus in Preußen als gemütlich-korrupte Vereinigung von staatlicher und kirchlicher Macht, Bettine von Arnim, Ludwig Tieck als Theaterdirektor, die Walhalla König Ludwigs, die zeitgenössische
Presse und Philosophie; all dies und mehr in knappen Reimen, die auch ein Publikum erreichen, das nicht jede
Anspielung versteht — aber sich womöglich die Mühe macht,
der Sache nachzugehen.

Verkehrte Welt

Das ist ja die verkehrte Welt,
Wir gehen auf den Köpfen!
Die Jäger werden dutzendweis
Erschossen von den Schnepfen.

Die Kälber braten jetzt den Koch,
Auf Menschen reiten die Gäule;
Für Lehrfreiheit und Rechte des Lichts
Kämpft die katholische Eule.

Der Häring wird ein Sanskülott,
Die Wahrheit sagt uns Bettine,
Und ein gestiefelter Kater bringt
Den Sophokles auf die Bühne.

Ein Affe läßt ein Pantheon
Erbauen für deutsche Helden.
Der Maßmann hat sich jüngst gekämmt,
Wie deutsche Blätter melden.

Germanische Bären glauben nicht mehr
Und werden Atheisten;
Jedoch die französischen Papagein,
Die werden gute Christen.

Im ukermärkschen Moniteur
Da hat mans am tollsten getrieben:
Ein Toter hat dem Lebenden dort
Die schnödeste Grabschrift geschrieben.

Laßt uns nicht schwimmen gegen den Strom,
Ihr Brüder! Es hilft uns wenig!
Laßt uns besteigen den Templower Berg
Und rufen: es lebe der König!

Es gibt den Humor der Herrschenden, zu dem Heine keine Gelegenheit hatte. Es gibt den entlarvenden Witz der Untertanen, den hat er geübt wie kein zweiter. Und es gibt Heines Humor der Geduld, die wartende, witzelnde Ambivalenz, seinen Spott auf die soliden Zustände, der die eigene Hilflosigkeit zur vorübergehenden Souveränität ummünzt: »Courtoisie: Wenn man einen König prügelt, muß man zugleich aus Leibeskräften ›Es lebe der König!‹ rufen.« oder in trauriger Klarsicht zum Aphorismus trocknet: »Ein Jude sagt zum andern: ›Ich war zu schwach.‹ Dies Wort empfiehlt sich als Motto zu einer Geschichte des Judentums.« Aber auch immer wieder gibt die Beschwörung einer vitalen Verbindung von Tatkraft und Witz, im Sinne von Mutterwitz – das Lachen nicht als Reaktion, sondern als Ausdruck von Optimismus, Mutwillen und unbekümmertem Selbstbewußtsein.

Doktrin

Schlage die Trommel und fürchte dich nicht,
Und küsse die Marketenderin!
Das ist die ganze Wissenschaft,
Das ist der Bücher tiefster Sinn.

Trommle die Leute aus dem Schlaf,
Trommle Reveille mit Jugendkraft,
Marschiere trommelnd immer voran,
Das ist die ganze Wissenschaft.

Das ist die Hegelsche Philosophie,
Das ist der Bücher tiefster Sinn!
Ich hab sie begriffen, weil ich gescheit,
Und weil ich ein guter Tambour bin.

ERFAHRUNGSLIEBE

Der Brief, den du geschrieben,
Er macht mich gar nicht bang;
Du willst mich nicht mehr lieben,
Aber dein Brief ist lang.

Zwölf Seiten, eng und zierlich!
Ein kleines Manuskript!
Man schreibt nicht so ausführlich,
Wenn man den Abschied gibt.

Der Abschied in der Liebe als eine Fortsetzung derselben,
das letzte Wort als wiederum ein neues erstes; so wie man im
Streit auseinandergeht, um sich dann doch mit dem anderen
beschäftigen zu müssen: das ist ein Erfahrungsgedicht. Das
lyrische Ich nimmt das Material ernst, das sich da anderer-
seits ergeben hat, es schätzt die Tatsächlichkeit höher als die
Interpretation, mit der die Autorin der Handlung sie besie-
geln wollte. Worte sind Taten sind Worte: für jene Art
Scharfsinn, der präzise Konjunktionen ermittelt und gleich-
zeitig getrennt hält, was unterschiedlichen Sphären ange-
hört, braucht man enttäuschte und darum belehrte Erfah-
rung. Der Dichter hat die Vorsicht und die Unschuld
eingebüßt, mit der er zu Beginn seiner Laufbahn als Lie-
bender und Lyriker sich noch im eigenen Irrgarten der
Projektionen und Hoffnungen verlief, bis nicht nur die Füße
todmüde wurden. Jetzt ist es das Hin und Her der anderen,

ihre ruhelose Ambivalenz, ihr gewaltsamer und in seiner Redseligkeit verräterischer Versuch einer Entscheidung, die ihn beschäftigen – offenbar nicht zynisch, eher freundlich und gelassen, mit einem sarkastischen Beiklang: endlich weiß er mehr über die Geliebte als diese über ihn. Und er ist, anders als bei seiner Kusine vor fünfzehn Jahren, nicht einmal auf Spionage, Vermutungen und komplizierte Ahnungsbegründungen angewiesen: er hat das Spiegelkabinett seiner fiktiven Enttäuschungen verlassen. Er muß das geliebte Objekt, psychoanalytisch gesprochen, sich nicht mehr vollständig einverleiben (um dann der Raserei der eigenen Projektionen ausgeliefert zu sein), es darf sein Eigenleben behalten, *anders* und *anderes* sein und bleiben. Das schließt das Risiko realer Verletzung ein, aber auch die Möglichkeit realer Erfüllung realistischer Wünsche. Und die unaufhörliche Prüfung, wo die Ränder des Selbst gerade liegen, ein endloses, auch heiteres Spiel.

Wie neubegierig die Möwe
Nach uns herüberblickt,
Weil ich an deine Lippen
So fest mein Ohr gedrückt!

Sie möchte gerne wissen,
Was deinem Mund entquillt,
Ob du mein Ohr mit Küssen
Oder mit Worten gefüllt?

Wenn ich nur selber wüßte,
Was mir in die Seele zischt!
Die Worte und die Küsse
Sind wunderbar vermischt.

Das Spiel ist narzißtisch und selbstreflexiv, es weiß um die eigenen Regeln. Das lyrische Ich des Dichters hat nicht den Ehrgeiz, seinen Gefühlen zu gebieten, es kontrolliert nicht ihre Ausdehnung und Richtung, sondern beobachtet seine Wünsche und Chancen und zugleich sich selbst. Sogar das Warten ist ein anderes geworden: war es in seinen ersten Liederzyklen noch sehnsüchtig verbrachte und zugleich leere Zeit, eine duldsame Ereignislosigkeit, die, wie eine große, leere Schatulle, der vergeblich Geliebten gewidmet wurde, ist jetzt das Warten eine private kleine Hülle, bevölkert von Gesichten, Kämpfen, Ungeduld. Es ist wirkliches Warten auf einen wirklichen Menschen, eine Tortur, aber auch eine lebendige Dauer.

Laß mich mit glühnden Zangen kneipen,
Laß grausam schinden mein Gesicht,
Laß mich mit Ruten peitschen, stäupen –
Nur warten, warten laß mich nicht!

Laß mit Torturen aller Arten
Verrenken, brechen mein Gebein,
Doch laß mich nicht vergebens warten,
Denn warten ist die schlimmste Pein!

Den ganzen Nachmittag bis Sechse
Hab gestern ich umsonst geharrt –
Umsonst; du kamst nicht, kleine Hexe,
So daß ich fast wahnsinnig ward.

Die Ungeduld hielt mich umringelt
Wie Schlangen; – jeden Augenblick
Fuhr ich empor, wenn man geklingelt,
Doch kamst du nicht – ich sank zurück!

Du kamest nicht – ich rase, schnaube,
Und Satanas raunt mir ins Ohr:
Die Lotosblume, wie ich glaube,
Mokiert sich deiner, alter Tor!

Es ist der lange Übergang vom Warten hin zur Ungeduld,
eine Entwicklung vom im Dunkel stumm sich Quälenden zu
einem Liebhaber, der jammert und fordert, scherzt und
schreit, eine Laterne über sich hält. Wer diese Erfahrungen
macht, lernt auch zu unterscheiden, welche seiner Schmer-
zen aufs eigene Konto gehen: das sind die bis zum Überdruß
bekannten. Wer die beschreibt, hat das bald schon so oft
getan, daß Ironie nicht ausbleibt.

Der Ungläubige

Du wirst in meinen Armen ruhn!
Von Wonnen sonder Schranken
Erbebt und schwillt mein ganzes Herz
Bei diesem Zaubergedanken.

Du wirst in meinen Armen ruhn!
Ich spiele mit den schönen
Goldlocken! Dein holdes Köpfchen wird
An meine Schulter lehnen.

Du wirst in meinen Armen ruhn!
Der Traum will Wahrheit werden,
Ich soll des Himmels höchste Lust
Hier schon genießen auf Erden.

O, heilger Thomas! Ich glaub es kaum!
Ich zweifle bis zur Stunde,
Wo ich den Finger legen kann
In meines Glückes Wunde.

Bei dieser Art von Erfahrungsliebe, die sich den Wetter-
wechseln des Gemüts so freimütig und willig aussetzt, ist die
Inventur eine wiederholte, notwendige Maßnahme. Das Re-
gister muß wieder geordnet werden, auch ist die Beseitigung
von Resten der Vergangenheit eine praktische Möglichkeit,
die Souveränität des Neuanfangs zu sichern. Heute räumen
die Liebhaber das hinterlassene Parfüm nebst Nachtcreme
von der Badezimmerleiste, damals waren es andere Elemen-
te der Lyrik des Alltags:

Autodafé

Welke Veilchen, stäubge Locken,
Ein verblichen blaues Band,
Halb zerrissene Billette,
Längst vergeßner Herzenstand –

In die Flammen des Kamines
Werf ich sie verdroßnen Blicks;
Ängstlich knistern diese Trümmer
Meines Glücks und Mißgeschicks.

Liebeschwüre, flatterhafte
Falsche Eide, in den Schlot
Fliegen sie hinauf – es kichert
Unsichtbar der kleine Gott.

Bei den Flammen des Kamines
Sitz ich träumend, und ich seh,
Wie die Fünkchen in der Asche
Still verglühn – Gut Nacht – Ade!

Die Selbststilisierung des Autors zum Don Juan ist Heine schon zu Lebzeiten nicht gut bekommen. Das Autodafé, das die Liebeswerke mit den anderen in koketter Unschuld gleichsetzt, ist wörtlich genommen worden – nicht als ein Hinweis darauf, wie der Dichter, der »arme Subjektivling«, poetische Rollen einnimmt.

Schattenküsse, Schattenliebe,
Schattenleben, wunderbar!
Glaubst du, Närrin, alles bliebe
Unverändert, ewig wahr?

Was wir lieblich fest besessen,
Schwindet hin, wie Träumerein,
Und die Herzen, die vergessen,
Und die Augen schlafen ein.

Die Vergänglichkeit der Liebe, die er wieder und wieder besingt, ist durchaus beiderseitig: es ist nicht immer nur der Mann, der nüchtern und satt den Abschied gibt.

Schaff mich nicht ab, wenn auch den Durst
Gelöscht der holde Trunk;
Behalt mich noch ein Vierteljahr,
Dann hab auch ich genung.

Kannst du nicht mehr Geliebte sein,
Sei Freundin mir sodann;
Hat man die Liebe durchgeliebt,
Fängt man die Freundschaft an.

Und nicht nur den Abschied, sogar das mähliche Ende, die Erschlaffung der Gefühle, die Verödung der Anziehung, die beiderseitige Langeweile hat Heine in die Lyrik etabliert.

Dieser Liebe toller Fasching,
Dieser Taumel unsrer Herzen,
Geht zu Ende, und ernüchtert
Gähnen wir einander an!

Ausgetrunken ist der Kelch,
Der mit Sinnenrausch gefüllt war,
Schäumend, lodernd, bis am Rande;
Ausgetrunken ist der Kelch.

Es verstummen auch die Geigen,
Die zum Tanze mächtig spielten,
Zu dem Tanz der Leidenschaft;
Auch die Geigen, sie verstummen.

Es erlöschen auch die Lampen,
Die das wilde Licht ergossen
Auf den bunten Mummenschanz;
Auch die Lampen, sie erlöschen.

Morgen kommt der Aschenmittwoch,
Und ich zeichne deine Stirne
Mit dem Aschenkreuz und spreche:
Weib, bedenke, daß du Staub bist.

Schließlich gibt es sogar Gedichte über die abgestandene Rührung, das müde Erinnern, den kleinlichen Profit, den das frivole Gedächtnis aus seiner Vergangenheit zieht – und die befremdliche, unangenehme Nähe, die eine erotische Erfahrung manchmal hinterläßt.

Die Geißblattlaube — Ein Sommerabend —
Wir saßen wieder wie ehmals am Fenster —
Der Mond ging auf, belebend und labend —
Wir aber waren wie zwei Gespenster.

Zwölf Jahre schwanden, seitdem wir beisammen
Zum letzten Male hier gesessen;
Die zärtlichen Gluten, die großen Flammen,
Sie waren erloschen unterdessen.

Einsilbig saß ich. Die Plaudertasche,
Das Weib hingegen schürte beständig
Herum in der alten Liebesasche.
Jedoch kein Fünkchen ward wieder lebendig.

Und sie erzählte: wie sie die bösen
Gedanken bekämpft, eine lange Geschichte,
Wie wackelig schon ihre Tugend gewesen —
Ich machte dazu ein dummes Gesichte.

Als ich nach Hause ritt, da liefen
Die Bäume vorbei in der Mondenhelle,
Wie Geister. Wehmütige Stimmen riefen —
Doch ich und die Toten, wir ritten schnelle.

Heines tatsächlicher Erfahrungsschatz ist schwer zu schätzen. Es gab nicht wenig diesbezügliche Versuche, hauptsächlich inspiriert bzw. im guten Mißverständnis verteidigend erzwungen durch die allfälligen Boudoir-Vorwürfe, das deutsche Mißtrauen gegen den französischen Heine, seine vermeintliche Frivolität et cetera. Seine Franzosenkrankheit tat ein übriges: erschien sie doch den Übelnehmern als die gerechte Strafe Gottes oder wenigstens des Schicksals, Heines Verteidigern aber als ein nur zu passendes böses Gerücht, das unbedingt widerlegt werden mußte. Bereits vor fünfundzwanzig Jahren hat Dolf Sternberger in seinem Buch »Heinrich Heine und die Abschaffung der Sünde« die symbolische Bedeutungen der Krankheit kritisiert – und gleichwohl die Diagnose selbst verteidigt. Die Eigentümlichkeit der Heineschen Krankheitsgeschichte liegt darin, daß er bis zu seinem Tod geistig intakt geblieben ist; Sternberger zitiert unter anderem ein Gutachten noch aus den sechziger Jahren unseres Jahrhunderts, das die »medizinische Rarität« von Heines geistiger Gesundheit anerkennt, seine Symptome aber entschieden als eine »syphilitische Erkrankung« bestimmt, »die wahllos das Zentralnervensystem, die Gehirnnerven und speziell die Hirnrückenmarkshäuge befällt und alle Krankheitssymptome in ihrer ganzen Vielfältigkeit, aber auch in ihrem Wechsel und ihrer Unbeständigkeit erklärt«. Sternberger führt außerdem einen Jugendbrief des Autors aus Göttingen an, in dem ein wörtlicher, womöglich unbewußter Zusammenhang zwischen der Venus und der »venerischen Erkrankung« auftaucht; er äußert die Vermutung, daß in dem von Heine hier annoncierten Erlebnis die Ursache seines späteren Leidens liegt. »Ich lebe sehr still. Das Corpus Juris ist mein Kopfkissen. Dennoch treibe ich noch manches andre, z.B. Chronikenlesen und Biertrinken. Die Bibliothek und der Rathskeller ruinieren mich. Auch die Liebe quält mich. Es ist nicht mehr die frühere, die einseitige Liebe zu einer Einzigen. Ich bin nicht mehr Monotheist in der Liebe, sondern wie ich mich zum Doppelbier hinneige, so neige ich mich auch zu einer Doppelliebe. Ich liebe die Medizäische Venus, die hier auf der Bibliothek steht, und die schöne Köchin des Hofrats Bauer. Ach! Und bei beiden liebe ich unglücklich! Die eine ist von Gyps und die andre ist venerisch. Oder ist letztes etwa Verläumdung? Je le trouverai. Ich habe mir gestern Abend bei der neuen Putzhändlerin

½ Dutzend Gondons anmessen lassen, und zwar von veilchenblauer Seide.« (Gondons = Kondome, die »veilchenblaue Seide« ist eine Anspielung auf einen zeitgenössischen biedermeierlichen Gassenhauer, den Chor des »Freischütz«: »Wir winden dir den Jungfernkranz mit veilchenblauer Seide«.)

Sternberger zitiert außerdem ein wenig rezipiertes Gedicht, in dem Heine nahezu unverhüllt Erinnerungsarbeit betreibt – Erinnerung an jene Laune, die ihn schließlich das Leben kosten sollte. Es handelt sich um die erste der *Lamentationen*, was Sternbergers Annahme zusätzlich stützt: der Urgrund aller Klagen wird gleich zu Anfang angegeben, mit jener Heineschen Offenheit und Unsentimentalität, die seine Gegner als zusätzliche Provokation empfanden. Denn nicht mal eine große Liebe war die Verursacherin allen Elends; es war ein Kieselstein, der nun den Schatten eines Felsen wirft.

Für eine Grille – keckes Wagen! –
Hab ich das Leben eingesetzt;
Und nun das Spiel verloren jetzt,
Mein Herz, du darfst dich nicht beklagen.

Die Sachsen sagen: »Minschenwille
Ist Minschen-Himmelryk« – Ich gab
Das Leben hin, jedoch ich hab
Verwirklicht meines Herzens Grille!

Die Seligkeit, die ich empfunden
Darob, war nur von kurzer Frist:
Doch wer von Wonne trunken ist,
Der rechnet nicht nach eitel Stunden.

Wo Seligkeit, ist Ewigkeit;
Hier lodern alle Liebesflammen
In eine einzge Glut zusammen,
Hier gibt es weder Raum noch Zeit.

Das allgemeine Übelnehmen war vermutlich ein Dreifaches: Eines bezog sich auf die — vermeintlichen, vermuteten — erotischen Erfahrungen des Dichters. Ein zweites auf den lyrischen Profit, den er daraus beständig zog. Das dritte schließlich kann jene saure Empörung sein, die sich dann einstellt, wenn einer seine Strafe nicht demütig trägt, sondern ihr trotzt, sie möglichst ignoriert, sich nicht zu einem Klümpchen Schuldbewußtsein zusammenkneten läßt.

Das Hohelied

Des Weibes Leib ist ein Gedicht,
Das Gott der Herr geschrieben
Ins große Stammbuch der Natur,
Als ihn der Geist getrieben.

Ja, günstig war die Stunde ihm,
Der Gott war hochbegeistert;
Er hat den spröden, rebellischen Stoff
Ganz künstlerisch bemeistert.

Fürwahr, der Leib des Weibes ist
Das Hohelied der Lieder;
Gar wunderbare Strophen sind
Die schlanken, weißen Glieder.

O welche göttliche Idee
Ist dieser Hals, der blanke,
Worauf sich wiegt der kleine Kopf,
Der lockige Hauptgedanke!

Der Brüstchen Rosenknospen sind
Epigrammatisch gefeilet;
Unsäglich entzückend ist die Zäsur,
Die streng den Busen teilet.

Den plastischen Schöpfer offenbart
Der Hüften Parallele;
Der Zwischensatz mit dem Feigenblatt
Ist auch eine schöne Stelle.

Das ist kein abstraktes Begriffspoem!
Das Lied hat Fleisch und Rippen,
Hat Hand und Fuß; es lacht und küßt
Mit schöngereimten Lippen.

Hier atmet wahre Poesie!
Anmut in jeder Wendung!
Und auf der Stirne trägt das Lied
Den Stempel der Vollendung.

Lobsingen will ich dir, o Herr,
Und dich im Staub anbeten!
Wir sind nur Stümper gegen dich,
Den himmlischen Poeten.

Versenken will ich mich, o Herr,
In deines Liedes Prächten;
Ich widme seinem Studium
Den Tag mitsamt den Nächten.

Ja, Tag und Nacht studier ich dran,
Will keine Zeit verlieren;
Die Beine werden mir so dünn –
Das kommt vom vielen Studieren.

Mit solcherlei hat Heine, wie es 1840 hieß, »die Liederlich-
keit und Unzucht selbst in die Poesie« getragen, und das in
schöner Komplettierung: er besingt nicht nur die körper-
liche Liebe als allerhöchstes Vergnügen, das keiner roman-
tischen oder gar christlich-legalistischen Weihe bedarf, er
rezensiert auch Gottes Werk, von Künstler zu Künstler, ganz
unter Kollegen. Wie auch in den hinreißend komischen, die
Bibel wörtlich nehmenden *Schöpfungsliedern*, die er 1833
kreierte:

Der Stoff, das Material des Gedichts,
Das saugt sich nicht aus dem Finger;
Kein Gott erschafft die Welt aus Nichts,
So wenig wie irdische Singer.

Aus vorgefundenem Urweltsdreck
Erschuf ich die Männerleiber,
Und aus dem Männerrippenspeck
Erschuf ich die schönen Weiber.

Den Himmel erschuf ich aus der Erd
Und Engel aus Weiberentfaltung;
Der Stoff gewinnt erst seinen Wert
Durch künstlerische Gestaltung.

Heine übt sich im *Hohenlied* in praktischer Anerkennung weiblicher Schönheit, statt in ihrer Anbetung zu verharren, und er lästert noch über die Folgen, indem er seine Krankheit andeutet. Schließlich aber begeht er eine Doppelblasphemie – er ignoriert die Sittlichkeit, und er feiert die Fleischessünde. Das religiöse und das praktisch-gesellschaftliche Gesetz sind für ihn auch verbunden, verklebt. In einem Brief an den Freund Laube, 1835: »Ich sage, das religiöse Prinzip und Moral, obgleich beides Speck und Schweinefleisch ist, eins und dasselbe. Die Moral ist nur eine in die Sitten übergegangene Religion (Sittlichkeit).«

Für Heine ist die Sünde historisch; sie hat eine Menschengeschichte, sie ist, wie später bei Nietzsche, ein Angstgesetz. Die sieben Todsünden sind durch die Jahrhunderte auf eine zusammengeschmolzen; im christlichen Verbot der Wollust (das freilich seine theologische, umstrittene Geschichte hat) haben sich alle Schuldängste und Strafgelüste verdichtet, zu einem düsteren Tabu, das unentwegte Übertretung und »abgestandene Heuchelei« zur Folge hat. Heines auftrumpfende Beiläufigkeit, seine theoretisch-systematische und seine lebenspraktische Erledigung dieses Tabus zeugen zeitgenössisch von einer ungeheuren Chuzpe, und sie zeigen, in der Abwesenheit von Schuldgefühlen oder wenigstens zerknirschter Diskretion, seine Verbundenheit mit dem Judentum, das sich in der Hauptsache der Lebensverneinung qua Fleischesverachtung nie anschloß. (Es gibt keine jüdischen Mönche, und die Lebenslust ist eine gottgefällige Angelegenheit). Zu Heines Zeiten sollten die Frauen möglichst in Ohnmacht fallen, wenn in männlicher Gegenwart von den Unabdingbarkeiten menschlicher Existenz die Rede war: seine lyrischen Figuren legen sich dagegen einfach hin und sind von Brechtscher Unerschrockenheit.

Lied der Marketenderin
(Aus dem Dreißigjährigen Krieg)

Und die Husaren lieb ich sehr,
Ich liebe sehr dieselben;
Ich liebe sie ohne Unterschied,
Die blauen und die gelben.

Und die Musketiere lieb ich sehr,
Ich liebe die Musketiere,
Sowohl Rekrut als Veteran,
Gemeine und Offiziere.

Die Kavallerie und Infanterie,
Ich liebe sie alle, die Braven;
Auch hab ich bei der Artillerie
Gar manche Nacht geschlummert.

Ich liebe den Deutschen, ich lieb den Franzos,
Die Welschen und Niederländschen,
Ich liebe den Schwed, den Böhm und Spanjol,
Ich liebe in ihnen den Menschen.

Gleichviel von welcher Heimat, gleichviel
Von welchem Glaubensbund ist
Der Mensch, er ist mir lieb und wert,
Wenn nur der Mensch gesund ist.

Das Vaterland und die Religion,
Das sind nur Kleidungsstücke —
Fort mit der Hülle! daß ich ans Herz
Den nackten Menschen drücke.

Ich bin ein Mensch und der Menschlichkeit
Geb ich mich hin mit Freude;
Und wer nicht gleich bezahlen kann,
Für den hab ich die Kreide.

Der grüne Kranz vor meinem Zelt,
Der lacht im Licht der Sonne;
Und heute schenk ich Malvasier
Aus einer frischen Tonne.

Heine hat hier die deutsche Literatur um zwei Reime be-
reichert; der eine löst – wenn auch mit einer leichten
Krümmung – das Rühmkorfsche Problem, was außer der
Bennschen Endung noch auf die Menschen passe:

> Die schönsten Verse der Menschen
> – nun finden Sie schon einen Reim! –
> sind die Gottfried Bennschen:
> Hirn, lernäischer Leim –

der andere ist eine leicht korrigierbare Ersetzung: in der
dritten Strophe wechselt Heine das Reimschema vom vier-
ten auf den zweiten Vers zum dritten auf den ersten, damit
die *Braven* nicht zum *Schlafen* kommen. Daß er in der Folge
bei dem versteckten Reim bleibt, also die alte Form wieder
aufnimmt, ist ein unmißverständlicher Hinweis auf die ver-
schwiegene Pointe.
Derer es gleichwohl nicht bedurft hätte; beschlagnahmt
wurden die *Marketenderin* und das *Hohelied* wegen unzüch-
tiger Darstellung ohnehin. Die Weiber Heines haben Spaß
an der Liebe, selbst dann, wenn sie weder historisch noch
sozial im schon markierten Abseits stehen.

Du liegst mir so gern im Arme,
Du liegst mir am Herzen so gern!
Ich bin dein ganzer Himmel,
Du bist mein liebster Stern.

Tief unter uns da wimmelt
Das närrische Menschengeschlecht;
Sie schreien und wüten und schelten,
Und haben Alle Recht.

Sie klingeln mit ihren Kappen
Und zanken ohne Grund;
Mit ihren Kolben schlagen
Sie sich die Köpfe wund.

Wie glücklich sind wir beide
Daß wir von ihnen so fern —
Du birgst in deinem Himmel
Das Haupt, mein liebster Stern!

Pascal zufolge entstehen alle Übel in der Welt, weil die Menschen nicht ruhig zuhause bleiben können. Heine plädiert dafür, daß sie gemeinsam zuhause bleiben: der friedliche Effekt stellt sich auch so ein, aber die Stubenhocker haben mehr Spaß dabei.

Auf diesem Felsen bauen wir
Die Kirche von dem dritten,
Dem dritten neuen Testament;
Das Leid ist ausgelitten.

Vernichtet ist das Zweierlei,
Das uns so lang betöret;
Die dumme Leiberquälerei
Hat endlich aufgehöret.

Hörst du den Gott im finstern Meer?
Mit tausend Stimmen spricht er.
Und siehst du über unserm Haupt
Die tausend Gotteslichter?

Der heilge Gott der ist im Licht
Wie in den Finsternissen;
Und Gott ist alles was da ist;
Er ist in unsern Küssen.

Die religiöse Metapher hat einen soliden Hintergrund. Wiederum Sternberger hat diesen nachgezeichnet: »»Les temps sont bien changés!‹ heißt es im ersten Jahrgang der ›Exposition de la doctrine‹« ⟨der Saint-Simonisten, E.S.⟩, »eben dem Bande, worin Heine noch in Hamburg gelesen, und zwar in jener Einführung in die religiöse Frage, welche die dreizehnte ›Séance‹ ausfüllt: ›In der Nachfolge Saint-Simons und in seinem Namen verkünden wir, daß die Menschheit eine religiöse Zukunft hat; daß die Religion der Zukunft größer und mächtiger sein wird als alle Religionen der Vergangenheit; daß sie – ebenso wie diejenigen, die ihr vorangegangen sind – eine Synthese aller Anschauungen (conceptions) der Menschheit bildet, ja, mehr noch, eine Synthese aller ihrer Seinsweisen (manières d'être)...‹ Auch dieses neue Evangelium, das jetzt eben anhebt, gilt für ein drittes. Nicht allein deswegen, weil Saint-Simon als der dritte große Prophet und Stifter gefeiert wird, nach Mose und Jesus, und nicht allein darum, weil seine Botschaft – ich möchte sagen: wie es sich für eine ›dritte‹ ziemt – die beiden vorigen über-

trifft, indem sie sie vollendet: ›Moïse a promis aux hommes
la fraternité universelle‹ (was übrigens nur sehr künstlich-
allegorisch aus der Bibel zu erweisen wäre), ›Jésus-Christ l'a
préparée; Saint-Simon l'a réalisée. Enfin l'église vraiment
universelle va naître‹. Sondern auch der Sache, ihrem Inhalt
nach nimmt diese neue Botschaft den dritten, das heißt auch
den letzten, wesentlich zukünftigen, den endgültigen Platz
in der abermals trinitarisch zerlegten Folge der Religiösen
Zeitalter ein. ⟨...⟩ Das ›Zweierlei‹ entschlüsselt sich nun von
selber: es ist der ›Antagonismus‹ von Geist und Fleisch, Es-
prit und Chair, wobei hier nicht auf ihren Kampf und
Gegensatz, sondern auf ihre Zweiheit, also ihre Unterschei-
dung als solche abgehoben wird. Die Fleischesverdammung,
die ›réprobation de la chair‹, wird dann sogleich nachgelie-
fert, eben mit der originalen Prägung ›Leiberquälerei‹, einer
Wortbildung, die schon durch die vergnügt-vulgäre Form
⟨...⟩ das Wegwerfende ausspricht und so die ›Qual‹ vergessen
macht, von der die ›Quälerei‹ doch hergeleitet ist.« Es ist
eben Heine, der die Saint-Simonisten verkündet, also müs-
sen sie es sich gefallen lassen, daß der Pantheismus, auch im
ganz programmatischen Stil, am Schluß ins Ironische kippt:
als es beinahe ungebrochen heilig, posaunenhaft und glanz-
bildchenmäßig zu werden droht, kommt statt der Seligkeit
die Küsserei.

> Himmlisch wars, wenn ich bezwang
> Meine sündige Begier,
> Aber wenns mir nicht gelang,
> Hatt ich doch ein groß Pläsier.

Es ist dieser unnachgiebige, fortwährende Hinweis auf die
trivialen Aspekte der Liebe, der Heine zu seiner Zeit stig-
matisiert. Einem Gelegenheitsreimer und Karnevalssänger

hätte man das verziehen, wie aber damit fertig werden, daß ausgerechnet Heine, der die ganze Klaviatur beherrschte, sich immer wieder in die frivolsten Lagen begab? Und dabei so deutlich wurde, daß man die Kindfrauen der Zeit, deren rechtliche und intellektuelle Zurückdrängung gerade erfolgreich vollzogen war, vor solcher Lektüre behüten mußte? »In die Gesellschaft christlicher Frauen und Jungfrauen«, heißt es 1835 über ›Leute wie Heine‹, »sollen sie nicht kommen; denn ein Kosacke möchte immer zuverlässiger bleiben in einem ehrbaren Salon. Und so lange sie der christlichen Ehe keine konfessionellen Garantien gegeben haben, verfluchen wir die satyrhaften Andeutungen ihrer Lehre von der Wahlumarmung. Und so lange wir wissen, daß die Wollust auf einer Wurzel ruht mit der Grausamkeit, und die dogmatisch ausstaffierte auf einem Stamme mit der raffinierten Kunst der Höllenmaschinen, so lange wir an die allertiefste Einheit zwischen dogmatischer Liederlichkeit und meuchlerischer Verworfenheit glauben, so lange halten wir dafür, daß die Wiederhersteller des Fleisches und der Materie den geistgeweihten Garten menschlicher Organisationen und schöner, leibhafter Seelenbilder antichristlich vandalisch zerstampfen wollen, daß schlechthin Fleisch und Materie aus den zur religiös-moralischen Verklärung berufenen Bildungen werde.«

Die Wut der Kritiker, die keine ästhetischen Argumente, sondern allein Gesinnungsfragen geltend machen konnten und sich in ihrer Not darein flüchteten, das Phänomen Heine in Antithesen zu splitten, um diese gegeneinander auszuspielen, wird in einer zeitgenössischen Rezension am furchtbarsten deutlich; furchtbar wegen des Furors und der Rigidität, die kaum ein Jahrhundert später wörtlich wurden: »Wenn wir diese Proben Heinescher Poesie mit dem zusammenhalten, was Heine schon früher, was er noch jüngst in seinen Beiträgen ⟨...⟩ geleistet hat, so gewinnt – möge man dem Humor auch die ausgedehntesten Rechte einräumen –

die Entrüstung, die man über solche Laszivitäten und Zynismen empfindet, zuletzt wieder die Oberhand über die Bewunderung, die man sonst dem so eigentümlichen Talente Heines gern zollen möchte. Man wird von einer Art nationaler Beschämung angewandelt bei dem Gedanken, daß dieser bedeutende, aber unreine Geist noch jetzt vielen als der eigentliche Repräsentant der modern-deutschen Dichtkunst gilt, wie er ja auch dies zu sein selbst sich offen rühmt. Er könnte dies nicht, wenn er nicht wüßte, daß es viele gibt, die ihm hierin beistimmen. Man fragt sich: was müssen andere Nationen von unserer Bildung, was werden künftige Jahrhunderte von der Gesittung unserer Generation denken, wenn der Verfasser solcher Lieder als der erste Dichter der Gegenwart, als der vorzüglichste Repräsentant deutscher Lyrik gefeiert wird? Wenigstens werden künftige Zeiten einen schonungslosen Säuberungsprozeß mit seinen Schriften und Poesien vornehmen müssen, um sich den kleinen Schatz von Liedern, Balladen und Capriccios zu sichern, die ihm auf diese Ehrenstellung ein Recht geben.«

Es ist die Bloßstellung, die man ihm übelnimmt. Die beiläufige Sicherheit, mit der er klein und groß vermengt, gegen das Sittengesetz schon im Vorübergehen verstößt, der offenherzige Narzißmus, mit dem er sagt: Schaut, so ist das bei mir. Bin ich so anders als alle Welt? Er ist der unreine Geist, der munter verquickt, was die Zeiten und Gesetze so säuberlich getrennt haben: Politik und Lebensführung, Religion und Trotz, Tragik und Witz, Aggression und Liebe, Liebe und Fleischeslust, Herz und Magen.

K.-Jammer

Diese graue Wolkenschar
Stieg aus einem Meer von Freuden;
Heute muß ich dafür leiden,
Daß ich gestern glücklich war.

Ach, in Wermut hat verkehrt
Sich der Nektar! Ach, wie quälend
Katzenjammer, Hundeelend
Herz und Magen mir beschwert!

Er ist der erste Materialist der Liebe seit langer Zeit, er ist ihr
erster moderner Realist. »Wie in Honig getauchter
Schmerz« waren seine frühen Lieder: bereits mit dieser For-
mulierung hat er nicht nur den Krankheitsgewinn benannt,
der in der Liebesdichtung liegt, er hat auch das Ineinander
sich widersprechender Gefühle beobachtet und ausgespro-
chen. Er hat sich und seinen Lesern das poetische Protokoll
des Tatsächlichen zugemutet, die Gemengelage all dessen,
was gerade das sich zur bestimmenden Klasse mausernde
Bürgertum sittlich getrennt und unerwähnt lassen wollte.
Am Anfang waren es die Sehnsucht und das Innewerden des
Selbst im Schmerz, was zu einem zähen, neuen Gefühls-
zustand verschmolz – übrigens einem Zustand, den er nie
vergessen würde. Gérard de Nerval, sein Übersetzer und in-
timer Freund, berichtet von den letzten Pariser Jahren
Heines: »Was ich zuerst ahnte, gestand Heine mir später
selbst, nachdem auch er mich näher kennengelernt hatte.
Wir litten beide an ein und derselben Krankheit: wir sangen
beide die Hoffnungslosigkeit einer Jugendliebe tot. Wir sin-
gen noch immer, und sie stirbt doch nicht! Eine hoffnungs-
lose Jugendliebe schlummert noch immer im Herzen des
Dichters.«

Heine war eben auch darin Realist, daß er nicht nur die Vergänglichkeit der Liebe, sondern auch die Immunität im Seelenleben gegen die Zeit wahrgenommen hat. In vielen seiner Gedichte ist das Nebeneinander der Zeiten beschrieben: die Erfahrungslust der Gegenwart, die hoffend oder ängstlich erlebte Zukunft, die Vergeßlichkeit als eine Bedingung des psychischen Überlebens und des Glücks — aber auch jenes Gedächtnis der Gefühle, das nur aktuell überdeckt und abgedrängt, niemals aber getilgt werden kann.

Er hätte es heute leichter. Wir sind inzwischen eher daran gewöhnt, die Frivolität, das Anstößige, auch das Abscheuliche, das Gegenstand der Kunst ist, zu trennen von der Redlichkeit der Aufzeichnung, von der Genauigkeit der Beobachtung und vom ästhetischen Gelingen. Auch ästimieren wir eher das — immer geringer werdende — Risiko, das einer mit radikalem Realismus eingeht. Der moralische Idealismus hat sich aus der Kunst so weit zurückgezogen, daß Beurteilungen der Gesinnung zumindest nicht mehr ganz so unbefangen vorgebracht werden können wie noch zu Heines Zeiten. An seine Dichtung aber wurde nicht die Frage gestellt: Gibt es das? Ist das genau beschrieben? Sondern: Darf es das geben? Und wenn es das denn geben sollte: Warum es zeigen?

Die getreuliche, genaue Beschreibung eines ganzen Kosmos macht Heines Liebeslyrik einzigartig. Er hat nicht nur die Raserei der Liebe, die stille Sehnsucht und die Fleischeslust, ihre Vergeßlichkeit und ihre Zähigkeit beschrieben. Er hat, nicht ohne Trotz, auch die Gemütlichkeit verteidigt. »Gesundheit nur und Geldzulage / Verlang' ich, Herr! O laß mich froh / Hinleben noch viel schöne Tage / Bei meiner Frau in statu quo.« Fester als seine Zeitgenossen hat er darauf bestanden, daß die Liebe, nach allen Projektionen, ein sinnliches Vergnügen ist, ein Alltagsrausch und ein irdisches Paradies. Keine Spur von Selbstverachtung ist da zu lesen, wenn Küsse statt Worte die Lippen beschäftigen, und keine

Spur von jener Weibsverachtung, die das bürgerliche Hohelied so oft durchzieht.

Bei Heine sind die Frauen erstmals selbstbestimmte Wesen, die nicht nur Ja sagen oder in Ohnmacht sinken, sich träumend und sehnend verzehren oder kaltlächelnd den Abschied geben: sie spenden und empfinden Lust, verfügen über Gefühle und werden von diesen verfügt, sie stürzen sich in ihre Abenteuer, wählen mit Selbstbewußtsein ihre Liebespartner, sie haben Magen und Herz, sind aus Fleisch und Blut und durchaus dem Manne ebenbürtig. Aus Puppen sind Menschen geworden, aus stummen Projektionen unberechenbar Handelnde. Heine hat außerdem das Glück geschätzt, das seine Frau ihm gab, und keinerlei Hinweis ist zu finden, daß er sein Selbstgefühl auf ihrem rund werdenden Rücken jemals erhöhen mußte. Er hat, im Gegenteil, die konventionelle, verächtliche Scheidung zwischen der holden Gattin, deren Selbstopferung mit Respekt und gelangweilter sexueller Verachtung honoriert wird, und der Geliebten, die Fleisch ohne Würde ist, nicht mitvollzogen: in dieser Hinsicht war er eben *nicht* frivol. Weil er sein eigenes Begehren nicht geringschätzte, mußte er seine Objekte der Begierde nicht verachten, und weil sein Selbstgefühl die Unterstützung einer Ehefrau nicht brauchte, konnte er sich einen Bettschatz leisten, ohne ihn dafür zu demütigen.

Er hat seiner Pariser Frau Lesen und Schreiben beigebracht; zu seiner Leserin wurde sie nicht. Ihr vollkommenes Unverständnis, wer der Intellektuelle Heine war, ist unbestritten; das aufgeregte, bis zum Entsetzen gehende Verwundern über diese Ehe wurde ergänzt von anderen Beobachtungen mit der Tendenz: es sind zwei Kinder, die sich fanden. Das »süße, dicke Kind« Mathilde und der ewig verspielte Heine, die zuverlässig, aber eher wohltemperiert Liebende und der lyrische Casanova, die hysterische und willensstarke, naive Frau vom Lande und der empfindliche, gemütsbedürftige, labile Großstadtintellektuelle. Ludwig Marcuse schrieb über

Mathilde: »Sie war *durchaus keine stille Seele*, durchaus nicht der Frieden eines Poeten. Sie war auch keine geduldige Seele, sie trug nicht, was sie drückte, sondern warf es ab, unter Donner und Blitz. Sie war ein Hausvesuv.« Und Heines Hausvenus, eine Grisette, an die sein Herz verloren war für mehr als zwanzig Jahre, bis zu seinem Tod.

Sie war auch seine letzte Sorge, Gegenstand seiner Innigkeit. »In der Jugend«, schreibt er in seinen *Gedanken und Einfällen*, »ist die Liebe stürmisch, aber nicht so stark, so allmächtig wie später. Auch ist sie in der Jugend nicht so dauernd, denn der Leib liebt mit, lechzt nach leiblichen Offenbarungen in der Liebe und leiht der Seele allen Ungestüm seines Blutes, die Überfülle seiner Sehnenkraft. Später, wo dies aufhört, wo das Blut langsamer in den Adern sintert, wo der Leib nicht mehr verliebt ist, liebt die Seele ganz allein, die unsterbliche Seele, und da ihr die Ewigkeit zu Gebote steht, da sie nicht so gebrechlich ist wie der Leib, nimmt sie sich Zeit und liebt nicht mehr so stürmisch, aber dauernder, noch abgrundtiefer, noch übermenschlicher.«

An die Engel

Das ist der böse Thanatos,
Er kommt auf einem fahlen Roß;
Ich hör den Hufschlag, hör den Trab,
Der dunkle Reiter holt mich ab —
Er reißt mich fort, Mathilden soll ich lassen,
O, den Gedanken kann mein Herz nicht fassen!

Sie war mir Weib und Kind zugleich,
Und geh ich in das Schattenreich,
Wird Witwe sie und Waise sein!
Ich laß in dieser Welt allein
Das Weib, das Kind, das, trauend meinem Mute,
Sorglos und treu an meinem Herzen ruhte.

Ihr Engel in den Himmelshöhn,
Vernehmt mein Schluchzen und mein Flehn:
Beschützt, wenn ich im öden Grab,
Das Weib, das ich geliebet hab;
Seid Schild und Vögte eurem Ebenbilde,
Beschützt, beschirmt mein armes Kind, Mathilde.

Bei allen Tränen, die ihr je
Geweint um unser Menschenweh,
Beim Wort, das nur der Priester kennt
Und niemals ohne Schauder nennt,
Bei eurer eignen Schönheit, Huld und Milde,
Beschwör ich euch, ihr Engel, schützt Mathilde.

Beinahe überflüssig zu erwähnen, daß Heines innige lyri-
sche Erfahrungsliebe seine Kritiker keineswegs überzeugte.
»Jedes Gesicht, das er macht«, so der Historiker Wilhelm
Scherer, »hat er vor dem Spiegel probiert.« Für Hebbel, sonst
ein verständiger Kritiker, ging »der große Riß, über den er
jammerte, nicht einmal durch die Weste, geschweige denn
durch das Herz«. Die »Lüge seines ganzen Wesens« (Mörike)
war einmal festgestellt, und damit war jede einzelne Wahr-
heit erledigt – auch und gerade die der Vielfältigkeit zärt-
licher und erotischer Empfindungen eines lebendig und
aufrichtig bleibenden Menschen. Dabei verhielt sich Heine
so bürgerlich wie nur je seine Kritiker, was die Situierung
seiner Frau betraf. Mit der Versorgung Mathildes war Heine
in den letzten Lebensjahren beinahe verzweifelt beschäftigt:
ein Bündel Aktien hatte sie leichtherzig verschenkt, ein für
ihn unerwartet ungünstiges Testament des reichen Onkels
Salomon aus Hamburg zerstörte seine Aussichten für sie. Er
begab sich in einen kräftezehrenden, mühsamen, kleinlich-
üblen Rechtsstreit, er stürzte sich in falsche Versöhnungen,
er tat alles ihm Mögliche, diese Erfahrungsliebe seines Le-
bens nicht unversorgt zu hinterlassen.

Gedächtnisfeier

Keine Messe wird man singen,
Keinen Kadosch wird man sagen,
Nichts gesagt und nichts gesungen
Wird an meinen Sterbetagen.

Doch vielleicht an solchem Tage,
Wenn das Wetter schön und milde,
Geht spazieren auf Montmartre
Mit Paulinen Frau Mathilde.

Mit dem Kranz von Immortellen
Kommt sie mir das Grab zu schmücken,
Und sie seufzet: Pauvre homme!
Feuchte Wehmut in den Blicken.

Leider wohn ich viel zu hoch,
Und ich habe meiner Süßen
Keinen Stuhl hier anzubieten;
Ach! sie schwankt mit müden Füßen.

Süßes, dickes Kind, du darfst
Nicht zu Fuß nach Hause gehen;
An dem Barrieregitter
Siehst du die Fiaker stehen.

DER ABSTERBENDE

Wie langsam kriechet sie dahin,
Die Zeit, die schauderhafte Schnecke!
Ich aber, ganz bewegungslos
Bleib hier auf demselben Flecke.

In meine dunkle Zelle dringt
Kein Sonnenstrahl, kein Hoffnungsschimmer,
Ich weiß, nur mit der Kirchhofsgruft
Vertausch ich dies fatale Zimmer.

Vielleicht bin ich gestorben längst;
Es sind vielleicht nur Spukgestalten
Die Phantasien, die des Nachts
Im Hirn den bunten Umzug halten.

Es mögen wohl Gespenster sein,
Altheidnisch göttlichen Gelichters;
Sie wählen gern zum Tummelplatz
Den Schädel eines toten Dichters. –

Die schaurig süßen Orgia,
Das nächtlich tolle Geistertreiben,
Sucht des Poeten Leichenhand
Manchmal am Morgen aufzuschreiben.

Heine starb langsam.

Als junger Mann schon war er nervös gewesen, empfindlich gegen Geräusche, häufig über Kopfschmerzen klagend. Aus Paris, als Mittdreißiger, berichtet er über die ersten Lähmungserscheinungen, zuerst an der linken Hand, dann über fortschreitende Abmagerung. Bald waren die Augen betroffen, aus einer Pupillenstörung wurde eine Muskelschwäche, dann eine dauernde Lähmung des oberen Lids; Heine mußte es, die Gliedmaßen verkrümmt, unfähig zu sitzen, in den letzten Jahren mit der Hand anheben, um seine Besucher zu sehen. Allein die Ohren funktionierten störungsfrei, Bedingung einer weiteren fortgesetzten Pein: Heine ertrug tagtäglich die Fingerübungen und das Gedudel zeitgenössischer Unterhaltungsmusik auf dem Pianoforte in der Nebenwohnung, wo eine Klavierlehrerin residierte. Die Situation in seiner letzten Wohnung, dicht bei den Champs-Elysées, hat erbarmungswürdig genau Ludwig Marcuse beschrieben. »Hier hatte er Sonne, frische Luft, Aussicht ins Grüne. An milden Tagen brachte man ihn auf den kleinen Balkon, der hundertundfünf Stufen über dem Lärm der Straße lag; ein Markisendach schützte ihn gegen die Sonne, Tapetenwände schützten ihn gegen den Wind. Dann ließ er sich das Opernglas seiner Frau bringen, hob, die linke Hand über den Kopf führend, das rechte Augenlid und schlürfte mit Wollust ein, was er so lange entbehrt hatte, was er so innig ersehnte: das Leben. Was sah er? Spaziergänger und Equipagen dem Arc de Triomphe entgegenfluten, um sich dann in den Bois de Boulogne zu begeben. Er sah einen Pastetenbäckerjungen, der zwei Damen in Krinolinrücken seine Pastetchen anbot. Er sah einen kleinen Hund, der auf drei Beinen an einem Baum stand und sein Geschäft verrichtete. Und beneidete den Hund. Denn Heines Beine waren jetzt *wie Baumwolle.* Zwischen dreißig und vierzig war er dick geworden – jetzt, in den fünfzigern, magerte er zum Skelett ab; schließlich lag ein kleiner Kinderkörper im Sarg. Das Sprechen wurde ihm schwer. Im Kauen und Schlucken war er behindert. Der Schwund der Lippenmuskulatur, der Schlund- und Kehlkopfmuskeln löschte ganze Welten aus. Einst hatte er philosophiert: *Ja, ich küsse, also leb' ich.* Jetzt fühlte er nichts mehr beim Küssen; und alles, was er aß, schmeckte wie Erde. Krämpfe zogen ihn zusammen. Opiate waren die einzige Hilfe. Das Morphium, das man ihm in eine immer offen gehaltene Wunde streute, wurde seine Religion, der Gott, auf den er in den schlimmsten Schmerzensstunden fest bauen konnte. Acht Jahre lang.«

Acht Jahre lang, aufgebahrt zum Sterben: das war eine harte Prüfung auch für Mathilde und die Freunde. »Der arme Teufel«, schrieb Friedrich Engels Jahre vor Heines Tod an Karl Marx, »ist scheußlich auf dem Hund. Er ist mager geworden wie ein Gerippe. Die Gehirnerweichung dehnt sich aus, die Lähmung des Gesichts desgleichen... Er ist natürlich etwas deprimiert, wehmütig, und, was am bezeichnendsten ist, äußerst wohlwollend (und zwar ernsthaft) in seinen Urteilen – nur über Mäurer reißt er fortwährend Witze. Sonst bei voller geistiger Energie, aber sein Aussehen, durch einen ergrauenden Bart noch kurioser gemacht, reicht hin, um jeden, der ihn sieht, höchst trauerklütig zu stimmen. Es macht einen höchst fatalen Eindruck, so einen famosen Kerl so Stück für Stück absterben zu sehen.«

Die Freunde kamen zwar immer wieder, aber unzählige Male verabschiedet zu werden mit dem Gefühl, es könnte der letzte Besuch gewesen sein – das wirkte sich schließlich auf die Frequenz aus. So daß Heine, als Berlioz ihn kurz vor seinem Tod besuchte, ihn maliziös empfangen konnte: »Berlioz ist doch immer originell!«

Miserere

Die Söhne des Glückes beneid ich nicht
Ob ihrem Leben, beneiden
Will ich sie nur ob ihrem Tod,
Dem schmerzlos raschen Verscheiden.

Im Prachtgewand, das Haupt bekränzt
Und Lachen auf der Lippe,
Sitzen sie froh beim Lebensbankett —
Da trifft sie jählings die Hippe.

Im Festkleid und mit Rosen geschmückt,
Die noch wie lebend blühten,
Gelangen in das Schattenreich
Fortunas Favoriten.

Nie hatte Siechtum sie entstellt,
Sind Tote von guter Miene,
Und huldreich empfängt sie an ihrem Hof
Zarewna Proserpine.

Wie sehr muß ich beneiden ihr Los!
Schon sieben Jahre mit herben,
Qualvollen Gebresten wälz ich mich
Am Boden und kann nicht sterben!

O Gott, verkürze meine Qual,
Damit man mich bald begrabe;
Du weißt ja, daß ich kein Talent
Zum Martyrtume habe.

Ob deiner Inkonsequenz, o Herr,
Erlaube, daß ich staune:
Du schufest den fröhlichsten Dichter, und raubst
Ihm jetzt seine gute Laune.

Der Schmerz verdumpft den heitern Sinn
Und macht mich melancholisch;
Nimmt nicht der traurige Spaß ein End,
So werd ich am Ende katholisch.

Ich heule dir dann die Ohren voll,
Wie andre gute Christen –
O Miserere! Verloren geht
Der beste der Humoristen!

Heine droht Gott mit dem Katholizismus; das ist, unter dem
alten kollegialen Ton, die finale Verzweiflung. Von Heine,
dem das Morphium die einzige Erleichterung verschaffte,
stammt aller Wahrscheinlichkeit nach das Wort von der Re-
ligion als Opium des Volkes, aber der ordinäre Volksgebrauch
des Atheismus, die kneipenselige Verachtung der Metaphy-
sik stießen ihn nicht weniger ab.
Bekannt hatte er sich längst, dem Atheismus als »trostloser
Negation« ganz abgeschworen, im Nachwort zum *Roman-
zero* sagte er den schönen Satz: »Ich bin zurückgekehrt zu
Gott, wie der verlorene Sohn, nachdem ich lange Zeit bei
den Hegelianern die Schweine gehütet.« Ein Atheist im
strengen Sinne war Heine allerdings nie gewesen; es waren
die Praktiken der Kirchen, das Frömmlertum, Bigotterie, die
heilige Einheit von Staat und Kirche, denen seine Polemi-
ken galten. »Die religiöse Umwälzung, die sich« in ihm
ereignete, war »eine bloß geistige, mehr ein Akt meines
Denkens, als des seligen Empfindens.« So daß noch vielerlei
Witze übrig blieben, in denen er, der Kumpel Gottes, die
künstlerische Produktion zum Krankheitsgewinn erklären
konnte:

Warum ich eigentlich erschuf
Die Welt, ich will es gern bekennen:
Ich fühlte in der Seele brennen,
Wie Flammenwahnsinn, den Beruf.

Krankheit ist wohl der letzte Grund
Des ganzen Schöpferdrangs gewesen;
Erschaffend konnte ich genesen,
Erschaffend wurde ich gesund.

Das Leben ging ins Sterben über, so mählich und so zähe,
daß es schon im Nachwort zum *Romanzero* heißt: »Aber
existiere ich wirklich noch? Mein Leib ist so sehr in die
Krümpe gegangen, daß schier nichts übrig geblieben als die
Stimme, und mein Bett mahnt mich an das tönende Grab
des Zauberers Merlinus, welches sich im Walde Brozeliand
in der Bretagne befindet, unter hohen Eichen, deren Wipfel
wie grüne Flammen gen Himmel lodern. Ach, um diese
Bäume und ihr frisches Wehen beneide ich dich, Kollege
Merlinus, denn kein grünes Blatt rauscht herein in meine
Matratzengruft zu Paris, wo ich früh und spat nur Wagen-
gerassel, Gehämmer, Gekeife und Klaviergeklimper ver-
nehme. Ein Grab ohne Ruhe, der Tod ohne die Privilegien
der Verstorbenen, die kein Geld auszugeben und keine Brie-
fe oder gar Bücher zu schreiben brauchen — das ist ein
trauriger Zustand. Man hat mir längst das Maß genommen
zum Sarg, auch zum Nekrolog, aber ich sterbe so langsam,
daß solches nachgrade langweilig wird für mich, wie für
meine Freunde. Doch Geduld, alles hat sein Ende. Ihr wer-
det eines Morgens die Bude geschlossen finden, wo euch die
Puppenspiele meines Humors so oft ergötzten.«
Heine hat seinen Tod herbeigesehnt, aber der ließ ihn war-
ten. Inzwischen mußte er die Zeit totschlagen.

Das Glück ist eine leichte Dirne,
Und weilt nicht gern am selben Ort;
Sie streicht das Haar dir von der Stirne
Und küßt dich rasch und flattert fort.

Frau Unglück hat im Gegenteile
Dich liebefest ans Herz gedrückt;
Sie sagt, sie habe keine Eile,
Setzt sich zu dir ans Bett und strickt.

Der Materialist des Lebens wurde zwangsläufig auch zum
Materialisten des Sterbens: ein Krüppel, der dazu verurteilt
war, neben der blühenden Mathilde eine Schattenexistenz
zu führen, und jede Stunde neu daran erinnert, was er verlor.
Wie Christian Buddenbrook, der, innerlich und äußerlich
gekrümmt, seinem richterlich-unbarmherzigen Bruder zu
erklären versucht, was ihn an die unstandesgemäße Aline
bindet − »Sie ist so gesund… so *gesund…!* Du solltest nur
ihre Zähne sehen, wenn sie lacht!« −, beklagt er seine Not im
Tannhäuser:

Ein armes Gespenst bin ich am Tag,
Des Nachts mein Leben erwachet,
Dann träum ich von meiner schönen Frau,
Sie sitzt bei mir und lachet.

Sie lacht so gesund, so glücklich, so toll,
Und mit so weißen Zähnen!
Wenn ich an dieses Lachen denk,
So weine ich plötzliche Tränen.

Der Materialist des Sterbens: Heine hatte reichlich Gelegenheit, das Erbübel, ein Leib zu sein, in allen Details zu erkunden. Wenn Leben und Tod sich so innig umarmen, müssen auch die Gedanken metaphysisch werden, im spöttischen Dialog.

Leib und Seele

Die arme Seele spricht zum Leibe:
Ich laß nicht ab von dir, ich bleibe
Bei dir — Ich will mit dir versinken
In Tod und Nacht, Vernichtung trinken!
Du warst ja stets mein zweites Ich,
Das liebevoll umschlungen mich,
Als wie ein Festkleid von Satin,
Gefüttert weich mit Hermelin —
Weh mir! jetzt soll ich gleichsam nackt,
Ganz ohne Körper, ganz abstrakt,
Hinlungern als ein selges Nichts
Dort oben in dem Reich des Lichts,
In jenen kalten Himmelshallen,
Wo schweigend die Ewigkeiten wallen
Und mich angähnen — sie klappern dabei
Langweilig mit ihren Pantoffeln von Blei.
O das ist grauenhaft; o bleib,
Bleib bei mir, du geliebter Leib!

Der Leib zur armen Seele spricht:
O tröste dich und gräm dich nicht!
Ertragen müssen wir in Frieden
Was uns vom Schicksal ward beschieden.
Ich war der Lampe Docht, ich muß
Verbrennen; du, der Spiritus,
Wirst droben auserlesen sein

Zu leuchten als ein Sternelein
Vom reinsten Glanz – Ich bin nur Plunder,
Materie nur, wie morscher Zunder
Zusammensinkend, und ich werde,
Was ich gewesen, eitel Erde.
Nun lebe wohl und tröste dich!
Vielleicht auch amüsiert man sich
Im Himmel besser als du meinst.
Siehst du den großen Bären einst
(Nicht Meyer-Bär) im Sternensaal,
Grüß ihn vor mir vieltausendmal!

Und jene Fragen tauchen wieder auf, die nach der Jugend
wieder verschwinden – Fragen, die sich als dringliche nur
leistet, wer noch nicht eingreifen kann, oder wem durch
Alter und Krankheit das Grübeln zum Seinszustand wird.

Laß die heilgen Parabolen,
Laß die frommen Hypothesen –
Suche die verdammten Fragen
Ohne Umschweif uns zu lösen.

Warum schleppt sich blutend, elend,
Unter Kreuzlast der Gerechte,
Während glücklich als ein Sieger
Trabt auf hohem Roß der Schlechte?

Woran liegt die Schuld? Ist etwa
Unser Herr nicht ganz allmächtig?
Oder treibt er selbst den Unfug?
Ach, das wäre niederträchtig.

Also fragen wir beständig,
Bis man uns mit einer Handvoll
Erde endlich stopft die Mäuler –
Aber ist das eine Antwort?

Die Todessehnsucht seiner Jugend erfüllte sich auf grauenhafte Art: der Vorhang fiel nicht dunkelrot und plötzlich, effektvoll und den Nachruhm sichernd. Er senkte sich zentimeterweise; so langsam, daß Heine seinen eigenen Nachruhm noch verkosten konnte. »Ach! der Ruhm überhaupt, dieser sonst so süße Tand, süß wie Ananas und Schmeichelei, er ward mir seit geraumer Zeit sehr verleidet; er dünkt mich jetzt bitter wie Wermut. Ich kann wie Romeo sagen: ich bin der Narr des Glücks. Ich stehe jetzt vor dem großen Breinapf, aber es fehlt mir der Löffel. Was nützt es mir, daß bei Festmalen aus goldnen Pokalen und mit den besten Weinen meine Gesundheit getrunken wird, wenn ich selbst unterdessen, abgesondert von aller Weltlust, nur mit einer schalen Tisane meine Lippen netzen darf! Was nützt es mir, daß begeisterte Jünglinge meine marmorne Büste mit Lorbeeren umkränzen, wenn derweilen meinem wirklichen Kopfe von den welken Händen einer alten Wärterin eine spanische Fliege hinter die Ohren gedrückt wird! Was nützt es mir, daß alle Rosen von Schiras so zärtlich für mich glühen und duften – ach, Schiras ist zweitausend Meilen entfernt von der Rue d'Amsterdam, wo ich in der verdrießlichen Einsamkeit meiner Krankenstube nichts zu riechen bekomme, als etwa die Parfüms von gewärmten Servietten. Ach! der Spott Gottes lastet schwer auf mir.«
Den Spott gab er zurück, noch immer – mit Lust gerade jenen Philistern, die alle irdischen Erscheinungen, die ihnen bekömmlich waren, mit dem heiligen Willen identifizierten, und alle anderen fein säuberlich humaner Unterwelt anlasteten.

Beine hat uns zwei gegeben
Gott der Herr, um fortzustreben,
Wollte nicht, daß an der Scholle
Unsre Menschheit kleben solle.
Um ein Stillstandsknecht zu sein,
Gnügte uns ein einzges Bein.

Augen gab uns Gott ein Paar,
Daß wir schauen rein und klar;
Um zu glauben was wir lesen,
Wär *ein* Auge gnug gewesen.
Gott gab uns die Augen beide,
Daß wir schauen und begaffen
Wie er hübsch die Welt erschaffen
Zu des Menschen Augenweide;
Doch beim Gaffen in den Gassen
Sollen wir die Augen brauchen
Und uns dort nicht treten lassen
Auf die armen Hühneraugen,
Die uns ganz besonders plagen,
Wenn wir enge Stiefel tragen.

Gott versah uns mit zwei Händen,
Daß wir doppelt Gutes spenden;
Nicht um doppelt zuzugreifen
Und die Beute aufzuhäufen
In den großen Eisentruhn,
Wie gewisse Leute tun –
(Ihren Namen auszusprechen
Dürfen wir uns nicht erfrechen –
Hängen würden wir sie gern.
Doch sie sind so große Herrn,

Philanthropen, Ehrenmänner,
Manche sind auch unsre Gönner,
Und man macht aus deutschen Eichen
Keine Galgen für die Reichen.)

Gott gab uns nur *eine* Nase,
Weil wir zwei in einem Glase
Nicht hineinzubringen wüßten,
Und den Wein verschlappern müßten.

Gott gab uns nur *einen* Mund,
Weil zwei Mäuler ungesund.
Mit dem einen Maule schon
Schwätzt zu viel der Erdensohn.
Wenn er doppeltmäulig wär,
Fräß und lög er auch noch mehr.
Hat er jetzt das Maul voll Brei,
Muß er schweigen unterdessen,
Hätt er aber Mäuler zwei,
Löge er sogar beim Fressen.

Mit zwei Ohren hat versehn
Uns der Herr. Vorzüglich schön
Ist dabei die Symmetrie.
Sind nicht ganz so lang wie die,
So er unsern grauen braven
Kameraden anerschaffen.
Ohren gab uns Gott die beiden,
Um von Mozart, Gluck und Hayden
Meisterstücke anzuhören –
Gäb es nur Tonkunst-Kolik
Und Hämorrhoidal-Musik
Von dem großen Meyerbeer,
Schon *ein* Ohr hinlänglich wär! –

Als zur blonden Teutolinde
Ich in solcher Weise sprach,
Seufzte sie und sagte: Ach!
Grübeln über Gottes Gründe,
Kritisieren unsern Schöpfer,
Ach! das ist, als ob der Topf
Klüger sein wollt als der Töpfer!
Doch der Mensch fragt stets: Warum?
Wenn er sieht, daß etwas dumm.
Freund, ich hab dir zugehört,
Und du hast mir gut erklärt,
Wie zum weisesten Behuf
Gott den Menschen zwiefach schuf
Augen, Ohren, Arm' und Bein',
Während er ihm gab nur ein
Exemplar von Nas und Mund —
Doch nun sage mir den Grund:
Gott, der Schöpfer der Natur,
Warum schuf er einfach nur
Das skabröse Requisit,
Das der Mann gebraucht, damit
Er fortpflanze seine Rasse
Und zugleich sein Wasser lasse?
Teurer Freund, ein Duplikat
Wäre wahrlich hier vonnöten,
Um Funktionen zu vertreten,
Die so wichtig für den Staat
Wie fürs Individuum,
Kurz fürs ganze Publikum.
Zwei Funktionen, die so greulich
Und so schimpflich und abscheulich
Miteinander kontrastieren
Und die Menschheit sehr blamieren.
Eine Jungfrau von Gemüt
Muß sich schämen, wenn sie sieht,

Wie ihr höchstes Ideal
Wird entweiht so trivial!
Wie der Hochaltar der Minne
Wird zur ganz gemeinen Rinne!
Psyche schaudert, denn der kleine
Gott Amur der Finsternis,
Er verwandelt sich beim Scheine
Ihrer Lamp — in Mankepiß.

Also Teutolinde sprach,
Und ich sagte ihr: Gemach!
Unklug wie die Weiber sind,
Du verstehst nicht, liebes Kind,
Gottes Nützlichkeitssystem,
Sein Ökonomie-Problem
Ist, daß welchselnd die Maschinen
Jeglichem Bedürfnis dienen,
Den profanen wie den heilgen,
Den pikanten wie langweilgen, —
Alles wird simplifiziert;
Klug ist alles kombiniert:
Was dem Menschen dient zum Seichen,
Damit schafft er seinesgleichen.
Auf demselben Dudelsack
Spielt dasselbe Lumpenpack.
Feine Pfote, derbe Patsche,
Fiddelt auf derselben Bratsche,
Durch dieselben Dämpfe, Räder
Springt und singt und gähnt ein jeder,
Und derselbe Omnibus
Fährt uns nach dem Tartarus.

Buchstäblich vom Sterbebett aus bekalauerte Heine noch den patriarchal-religiösen Kult seiner Zeit und bereimte das Unaussprechliche. Dem vermeintlichen Don Juan Heine war jede aufgesteifte Männlichkeit nur lächerlich; als Sünder allerdings zeigte sich unbelehrbar: das Niedrigste verpaßt zu haben, machte ihn vor der Fahrt zum Allerhöchsten melancholisch.

Einst sah ich viele Blumen blühen
An meinem Weg; jedoch zu faul,
Mich pflückend nieder zu bemühen,
Ritt ich vorbei auf stolzem Gaul.

Jetzt, wo ich todessiech und elend,
Jetzt, wo geschaufelt schon die Gruft,
Oft im Gedächtnis höhnend, quälend,
Spukt der verschmähten Blumen Duft.

Besonders eine feuergelbe
Viole brennt mir stets im Hirn.
Wie reut es mich, daß ich dieselbe
Nicht einst genoß, die tolle Dirn.

Mein Trost ist: Lethes Wasser haben
Noch jetzt verloren nicht die Macht,
Das dumme Menschenherz zu laben
Mit des Vergessens süßer Nacht.

Bevor die Nacht sich senkte, führte man in deutschen Landen noch eine Posse auf. Als wolle man Heine zum Sterben helfen, meldeten einige Journale, er habe sich in bedenklichem Zustand in die Pyrenäenbäder begeben, andere berichteten von seinem Aufenthalt, ziemlich umnachtet, in einer Pariser Irrenanstalt. Zehn Jahre vor seinem Tod meldete die »Ulmer Kronik« bereits sein Ableben; die Städte Berlin, Barcelona, Von der Tafna und Hamburg stritten um die Ehre, Ort der Todesursachen Armut, Demonstrationsteilnahme, Duell und Schlagfluß wegen Erbes (»ein Opfer der Laune des Glücks«) zu sein. Schließlich gab das »Magazin für die Literatur des Auslandes« am 22. August 1846 den erheiternden Grund der verfrühten Nachrufe an: »Jetzt ergibt sich durch bestimmtere Nachrichten, daß allerdings eine Verwechselung stattgefunden hat, daß nämlich der Professor B. Heine aus Würzburg, der Gründer der orthopädischen Anstalten in Deutschland, es war, der in der Nähe Berns am letzten Julitage gestorben ist, und daß man in Bern allgemein geglaubt, es sei H. Heine. Es beweist dies von der weiten Verbreitung des Namens des Dichters, daß man bei der Nachricht vom Tode eines Heine nur an ihn dachte und keinen anderen, noch so berühmten Mann dieses Namens kannte, und vielleicht wäre der berühmte Göttinger Heyne einer gleichen Verwechselung unterworfen worden, wenn er um diese Zeit in der Schweiz gestorben wäre. Mit B. Heine steht H. Heine in weiter keinem Verhältnis, als daß jener manchen buckligen Menschen gerade machte, dieser aber manchen Menschen bucklig durch Lachen machte.« Das Spottverhältnis, das Heine mit dem Leben unterhielt, betrieb das Ableben jetzt mit ihm; er selber schrieb unaufhörlich die letzten Dinge, um allerletzte noch anzuhängen; die ganze Produktion dieser Jahre ist ein fortgesetztes P. S. So ist diese lyrische *Rückschau* mindestens fünf Jahre vor seinem Tod entstanden:

Ich habe gerochen alle Gerüche
In dieser holden Erdenküche;
Was man genießen kann in der Welt,
Das hab ich genossen wie je ein Held!
Hab Kaffee getrunken, hab Kuchen gegessen,

Hab manche schöne Puppe besessen;
Trug seidne Westen, den feinsten Frack,
Mir klingelten auch Dukaten im Sack.
Wie Gellert ritt ich auf hohem Roß;
Ich hatte ein Haus, ich hatte ein Schloß.
Ich lag auf der grünen Wiese des Glücks,
Die Sonne grüßte goldigsten Blicks;
Ein Lorbeerkranz umschloß die Stirn,
Er duftete Träume mir ins Gehirn,
Träume von Rosen und ewigem Mai —
Es ward mir so selig zu Sinne dabei,
So dämmersüchtig, so sterbefaul —
Mir flogen gebratne Tauben ins Maul,
Und Englein kamen, und aus den Taschen
Sie zogen hervor Champagnerflaschen —
Das waren Visionen, Seifenblasen —
Sie platzten — Jetzt lieg ich auf feuchtem Rasen,
Die Glieder sind mir rheumatisch gelähmt,
Und meine Seele ist tief beschämt.
Ach, jede Lust, ach, jeden Genuß
Hab ich erkauft durch herben Verdruß;
Ich ward getränkt mit Bitternissen
Und grausam von den Wanzen gebissen;
Ich ward bedrängt von schwarzen Sorgen,
Ich mußte lügen, ich mußte borgen
Bei reichen Buben und alten Vetteln —
Ich glaube sogar, ich mußte betteln.
Jetzt bin ich müd vom Rennen und Laufen,
Jetzt will ich mich im Grabe verschnaufen.
Lebt wohl! Dort oben, ihr christlichen Brüder,
Ja, das versteht sich, dort sehn wir uns wieder.

Wie wohl kein Dichter vor ihm hat Heine seinem Sterben beigewohnt, sein Siechtum mitgeschrieben, seine Gebresten aufgereimt, ein Ende herbeibeschworen – und es sich, zum eigenen Trost, wieder und wieder vorgestellt.

Sie erlischt

Der Vorhang fällt, das Stück ist aus,
Und Herrn und Damen gehn nach Haus.
Ob ihnen auch das Stück gefallen?
Ich glaub, ich hörte Beifall schallen.
Ein hochverehrtes Publikum
Beklatschte dankbar seinen Dichter.
Jetzt aber ist das Haus so stumm,
Und sind verschwunden Lust und Lichter.

Doch horch! ein schollernd schnöder Klang
Ertönt unfern der öden Bühne; –
Vielleicht daß eine Saite sprang
An einer alten Violine.
Verdrießlich rascheln im Parterr
Etwelche Ratten hin und her,
Und alles riecht nach ranzgem Öle.
Die letzte Lampe ächzt und zischt
Verzweiflungsvoll und sie erlischt.
Das arme Licht war meine Seele.

Drei Jahre vor seinem Begräbnis erschien als Eröffnungsgedicht seiner letzten Sammlung *Ruhelechzend*; noch einmal ein Werk, das souveränen Schlendrian, zitierende Romantik, beiläufige Polemik, blasphemisch-religiöse Töne und Wut mit Witz verbindet – bis zu den letzten, todtraurigen Zeilen.

Ruhelechzend

Laß bluten deine Wunden, laß
Die Tränen fließen unaufhaltsam —
Geheime Wollust schwelgt im Schmerz,
Und Weinen ist ein süßer Balsam.

Verwundet dich nicht fremde Hand,
So mußt du selber dich verletzen;
Auch danke hübsch dem lieben Gott,
Wenn Zähren deine Wangen netzen.

Des Tages Lärm verhallt, es steigt
Die Nacht herab mit langen Flören.
In ihrem Schoße wird kein Schelm,
Kein Tölpel deine Ruhe stören.

Hier bist du sicher vor Musik,
Vor des Piano-Fortes Folter,
Und vor der großen Oper Pracht
Und schrecklichem Bravourgepolter.

Hier wirst du nicht verfolgt, geplagt
Vom eitlen Virtuosenpacke
Und vom Genie Giacomos
Und seiner Weltberühmtheitsclaque.

O Grab, du bist das Paradies
Für pöbelscheue, zarte Ohren —
Der Tod ist gut, doch besser wärs,
Die Mutter hätt uns nie geboren.

ZEITTAFEL

1797   13. Dezember. Harry Heine als Sohn des Kaufmanns Samson Heine in Düsseldorf geboren.

1807-1814 Heine besucht das katholische Lyzeum Düsseldorf.

1815   Lehrling in einem Frankfurter Bankhaus.

1817   Heine reist nach Hamburg zu seinem Onkel Salomon Heine und tritt in dessen Handelshaus ein. Amalie.

1819-1820 Salomon Heine gewährt seinem Neffen die Mittel für ein juristisches Studium. Heine hört zwei Semester in Bonn, u. a. bei August Wilhelm von Schlegel.

1820-1821 Wintersemester in Göttingen. Relegation.

1821-1823 Heine immatrikuliert sich in Berlin. Verkehrt dort u. a. im Salon der Rahel von Varnhagen.

1824   Heine beendet sein Studium in Göttingen. Wanderung über den Harz. *Die Harzreise.*

1825   Examen und Promotion bei Hugo in Göttingen. Heine tritt zum Protestantismus über. Besuche in Hamburg und auf Norderney.

1827   Englandreise. *Das Buch der Lieder* erscheint.

1828   Italienreise. Tod des Vaters.

1830   Heine lebt in Hamburg. Helgolandreise. Letzter Versuch einer gesicherten bürgerlichen Existenz.

1831   Heine geht nach Paris und arbeitet dort als Korrespondent der »Allgemeinen Zeitung« und für französische Journale.

1834	Heine lernt Mathilde kennen.
1835	Heines Schriften werden in Deutschland verboten. Pension der französischen Regierung.
1841	Heine heiratet Mathilde.
1843	Reise nach Deutschland. Bekanntschaft mit Marx.
1844	Zweiter und letzter Besuch in Deutschland. *Deutschland. Ein Wintermärchen* erscheint. Tod des Onkels Salomon. Erbschaftsstreit.
1848	Krankheit zwingt ihn in die »Matratzengruft«.
1856	Heine stirbt am 17. Februar in Paris.

VERZEICHNIS DER GEDICHTANFÄNGE
UND -ÜBERSCHRIFTEN

DANK

Sogar ein bescheidenes Buch über Heine ist ein recht kühnes Unterfangen; selbst Anmerkungen zu Heine verhalten sich stilistisch zu ihrem Gegenstand und inhaltlich zu ihren Vorläufern wie jene Vögel, die auf Elefantenrücken leben und dort winzige Tierchen aufpicken – wenn nicht gleich wie die Tierchen selber. Daß es dieses Buch trotzdem gibt, geht auf die Initiative des Hanser Verlages zurück, den meine in der »Süddeutschen Zeitung« veröffentlichte These interessierte, daß Heine nicht nur der erste lyrische Realist der Liebe sei, sondern auch der erste, dessen Frauenbilder ein Eigenleben führen dürfen.

Jede zeitgenössische Beschäftigung mit Heine ist der einzigartigen editorischen Arbeit Klaus Brieglebs verpflichtet; ich mache hierin keine Ausnahme. Meine Bewunderung für seine kommentierende Leistung, die Klarheit und historische Detailkenntnis, Hellsicht und souveräne Stellungnahme so elegant verbindet, ist im Laufe meiner Arbeit ins Unendliche hinein gewachsen. Des weiteren verdanke ich der Biographie Ludwig Marcuses und den Untersuchungen Dolf Sternbergers Anregungen und Einsichten, die in meine Bemerkungen eingeflossen sind.

Lange Gespräche mit Jürgen Busche haben mich in vielfacher Weise ermutigt und befähigt, aus Intuitionen Sätze zu bilden. Für die möglichen Irrtümer dieser Sätze bin ich allerdings allein verantwortlich.

Schließlich danke ich Karin Graf und der Ledig Rowohlt

Foundation für zwei Wochen am Genfer See, die mein Ver-
ständnis von Heines irdischen Paradiesvorstellungen um ein
nicht Geringes präzisiert haben.

E. S.

INHALT